KB143481

세 아이 워킹맘은 어떻게
건물주가 되었을까?

세 아이 워킹맘은 어떻게 건물주가 되었을까?

열정잇기 지음

한국경제신문*i*

Prologue

자본주의 사회는 많이 벌고, 많이 쓰는 것을 권장합니다. 저도 그렇게 흔히 말하는 자본주의 사회의 '호구'로 살아왔던 것 같습니다. 열심히 일하고, 또 주말이나 연휴가 되면 마트나 쇼핑센터, 여행 등으로 열심히 쓰면서요. 그렇게 살다가 휴직기간 동안 책을 조금 읽으면서 생각이 바뀌었습니다. 휴직을 위해 많지는 않아도 월세를 받을 수 있게 준비했었는데, 적은 금액이지만 마음을 든든하게 해주었던 그 월세의 경험이 씨앗이 된 것 같습니다.

많이 쓰지 않아도 책과 함께 좋은 생각을 하고, 좋은 사람들을 만나면 행복했습니다. 그렇게 관심이 확장되어 내가 일하지 않아도 돈이 들어오는 부의 시스템, 그리고 소비자가 아닌 생산자로 사는 삶에 관심을 가지게 되었습니다. 그래서 조금씩 알아보고 관심을 확장해가던 일이 어느덧 여러 개의 씨앗으로 번지며, 열정으로 제 삶을 살아가는 데 큰 원동력이 되어주고 있습니다. 이제, 저의 작은 계획들을 공유하며 관심 있는 분들과 좋은 에너지를 나누고, 도움이 될 수 있는 부분을 나누고 싶어 이렇게 용기를 내어봅니다.

신축을 진행하던 중 골조작업이 서의 완성되어 5층 콘크리트 나설을 하는 날, 대표님께서 서울에 온 김에 신축하는 현장을 보고 싶다고 하셔서 점심식사를 하게 되었습니다. 그리고 처음 수업을 들었을 때의 이야기와 경매를 받았을 때의 이야기를 나누게 되었는데, 그때의 막막함과 어려움들이 다시 떠오르기 시작했습니다. 대표님은 제가 책을 좋아하니 언젠가는 어떤 책이라도 낼 것 같다고 농담하시며 충분히 낼 수 있다고 자신감을 북돋아주셨습니다. 신축을 처음 시작할 때도 비슷한 상황이었습니다. 저조차도 확신이 점점 사라져가는 상황에 지칠 때쯤 같이 스터디를 하는 분들과 조장현 대표님만이 늘 할 수 있다고 말씀해주셨습니다. 그래서 이렇게 또 한 번 용기를 내보려고 합니다.

요즘은 신혼이나 미혼의 젊은 분들도 부동산 투자나 주식 등 재테크에 관심이 많습니다. 하지만 저는 생각해보면 결혼 후 한 14년간은 모으고, 아끼는 것에만 비중을 두었던 것 같습니다. 최근 2~3년간 투자 마인드를 가지게 되면서 투자라는 것을 알게 되었고, 조금씩 실행해보고 있는 중입니다. 많은 분들이 말씀하듯 투자 전 종잣돈을 모으는 과정은 반드시 필요합니다. 하지만 우리 부모님 세대처럼 모으기만 하고 아끼면서 살다가 노년을 맞는 일은 좀 슬픈 일인 것 같습니다. 요즘은 파이어족처럼 집중적으로 젊은 시절에 돈을 모아 일찍 경제적 자유를 갖기를 원하는 분들도 많습니다.

절약과 모으기만 하던 제 초년 시절과 지금의 투자 마인드를 적절히 조합한다면, 좀 더 빨리 경제적 자유를 이루지 않았을까 하는 생각을 해보면서 여러분의 경제적 자유와 재테크 방향 설정에 도움이 되고자 이렇게 부족한 글을 풀어보려고 합니다.

어떤 일을 하고자 할 때 혼자만의 힘으로 할 수 있는 일은 많지 않습니다. 막연하게 건물을 짓고 싶어 시작했지만, 지쳐서 더 쉬운 길만을 찾으려고 할 때 제게 다시금 힘을 주신 건축 스터디분들, 그리고 그 스터디를 시작할 수 있게 해주시고 핵심사항은 꼭 챙겨주시는 생각실현가님, 신축을 정말 할 수 있을까 하는 현실의 벽에 부딪힐 때마다 항상 저를 응원해주시고 현실적인 도움을 주신 조장현 대표님, 제 건물 공존에서 처음 강의를 해주셔서 저의 꿈을 현실로 만들어주신 맥밀란님과 메이데이님, 이제는 든든한 지원군이 되어주시는 건축사이신 아주버님, 가능한 제 요청을 최대한 반영해주려고 노력해주신 시공사분들, 이분들이 아니었다면 모든 일들을 해내지는 못했을 것입니다. 앞으로 이분들과 좋은 인연으로 오랫동안 함께했으면 좋겠습니다.

또 부족한 저를 항상 믿어주고 응원해주는 부모님과 가족들, 더운 여름 작업을 할 때마다 시원한 아이스라떼로 늘 저를 감동시켜준 우리 딸, 늘 저를 웃게 해주는 우리 아들들, 어떤 일을 할 때마

다 가장 큰 난관이지만, 결국 제 편이 되어주는 남편, 정말 고맙고
많이 사랑한다고 전하고 싶습니다.

열성잇기

1장

세 아이의
엄마 되기

01

시댁에서 시작한
신혼생활

나는 신혼생활을 시댁에서 시작했다. 우리는 여느 평범한 부부들처럼 별로 모은 돈 없이 결혼생활을 시작했고, 나는 월세와 전세도 구분하지 못할 정도로 경제 상식과 관념이 없는 사람이었다. 하지만, 어렸을 적부터 단순하게 안 쓰고 모으는 것은 잘하는 편이었고, 남편은 사회생활을 나보다는 일찍 시작해서 평촌에 위치한 오래된 작은 아파트를 구입해서 전세를 주고 있었다. 연애시절에 남편은 서울 성북구에 있는 새 아파트 청약에 당첨되기도 했지만, 결혼해서 세 아이가 있는 누나에게 양보했다.

결혼 전에 집을 구할 때 신랑은 가지고 있는 평촌 아파트에서 신혼생활을 시작해보자고 제안했다. 그래서 우리는 토요일 오후에 지하철을 타고 함께 그곳에 가보기도 했지만, 그때만 해도 나이가 어려서인지 외형적인 모습에만 너무 치중해 오래된 아파트에서는 살 엄두가 나지 않았다. 집 내부는 수리를 한다고 하더라도 복도나

계단이 너무 노후되어 살고 싶지 않다고 생각했던 것 같다. 지금 정도의 부동산 상식을 가지고 있었다면 아마 그 집을 깨끗이 리모델링해서 실거주하며 자금을 모으는 것도 생각해보았을 것이다. 교육환경도 좋고, 도서관도 가까워 아이 키우기에 좋은 곳이었기 때문이다.

평촌 아파트에 실망을 하고 나서 친정이 있는 은평구 쪽에 신혼집을 알아보았다. 빌라, 아파트 위주로 알아보았지만, 별로 좋은 집이 아니어도 가지고 있는 돈에 비해 전세금이 높아 대출이 필요한 상황이었다. 그리고 한편으로는 남편의 형과 누나가 이미 결혼해서 남편과 둘만 살던 시어머니가 마음에 걸리기도 했다. 그래서 고민을 하다가, 남편이 시어머니와 살던 아파트에서 시어머니와 함께 신혼살림을 시작하기로 했다. 위치가 왕십리역 인근이고, 남편과 내 직장이 광화문과 회현동 근처라 집에서 30분 이내로 가까워서 편리하게 잘 지낼 수 있었다.

첫아이를 임신하게 되었는데, 시어머니는 일을 하셔서 아이를 돌봐주실 수 없으셨다. 친정 엄마는 시어머니보다 젊으셨고, 언니보다 내가 먼저 결혼해서 첫 손주였기 때문에 무척 설레어하셨다. 그래서 아이를 흔쾌히 봐주시겠다고 했고, 우리는 자연스럽게 친정 근처로 이사하게 되었다.

시어머니와 함께 살면서 우리는 재개발이 예정되어 있는 구축주택을 매입했다. 구축 주택의 비용과 조합원 분양금액과 차액을 계속 납입해야 했기 때문에 친정 근처에 전셋집을 구할 때는 자금이 넉넉하지 않았다. 그래서 친정 근처로 이사할 때는 최소한의 비용으로 세 식구가 거주할 수 있는 곳을 택했다. 신혼집을 구할 때는 집 외형에 신경을 많이 썼지만, 이때는 어차피 몇 년 후면 새로 지어진 아파트에 입주할 것이라고 생각해서 외형보다는 가격 대비 살기 좋은 집을 선택했다. 새로 구한 집은 구축 투룸으로 좋은 집은 아니었지만, 남편과 처음으로 둘만의 공간이 생긴 것 자체가 너무 설레었고 좋았다. 결혼생활을 시작한 신혼집도 시어머니집이었기 때문에 결혼 당시에도 준비한 것이 많지 않았지만, 새로 이사 온 곳에서도 최소한의 필요한 살림만으로 시작했다. 남편은 가끔 그 집의 좁은 화장실이 정말 불편했다고 이야기한다. 지금 생각하면 참 좁고, 불편한 집이었는데, 그래도 당시에는 갓 태어난 예쁜 아기와 함께 하루하루 모든 게 신기했고, 즐겁게 잘 지냈던 것 같다.

02

세 아이의
엄마 되기

대부분의 부모들이 그렇듯이 나도 첫아이를 키울 때 조금 유난스러울 정도로 아이 교육에 열심이었다. 큰아이가 갓난아기일 때는 적절한 자극이 아기에게 도움이 많이 된다고 해서 아이를 데리고 참 많은 곳을 바쁘게 다녔다. 3개월 정도의 휴직을 낸 적이 있었는데, 거의 하루도 빠짐없이 경복궁이나 박물관 등 아이가 자유롭게 다니며 여러 가지를 볼 수 있는 환경을 찾아다녔다. 교육기관을 선정할 때도 저렴한 금액으로 하루 종일 맡길 수 있는 곳보다는 짧게 집중적으로 공부하는 영어유치원이나 놀이학교를 보냈고, 시간이 나면 문화센터도 많이 데리고 다녔다. 영어유치원은 종일반이 없다 보니, 하원 후에는 또 다른 교육기관을 가거나, 친정 엄마가 봐주셔야 해서 아이한테 드는 비용도 꽤 많았지만, 아이가 최대한 다양한 자극을 받으면서 성장할 수 있는 환경을 만들어주고 싶었다.

영어와 책읽기로 다져진 기본이 있어서 초등학교 다니면서는 예체능 외에는 사교육을 시키지 않아 교육비가 많이 줄었다. 학원은 기본적으로 아이가 독립해서 혼자 할 수 있는 능력을 키워주기보다는 계속 의존할 수밖에 없는 시스템을 가지고 있기 때문에 마땅한 영어교육 기관을 찾기 힘들었다. 그래서 사교육 없이 집에서 영어공부를 하는 책들을 참고해서 집에서 영어공부를 시켜보기로 했다. 어떻게 집에서 공부하는 습관을 만들 수 있을까 끊임없이 고민하던 중 공부라는 것이 결국에는 읽고, 이해하는 것이라는 결론을 얻었다. 그래서 아이에게 맞는 공부 양과 수준을 구체적으로 정했다. 수학은 꾸준히 일정량을 교과서, 익힘책, 기본서를 풀게 하고, 영어는 실제 사용하는 대화가 많이 담겨 있는 만화영화 DVD를 매일 볼 수 있게 해서 꾸준히 영어에 대한 흥미를 유지하며 영어표현을 익힐 수 있게 했다. DVD는 내용이 단순히 재미 위주인 디즈니 시리즈보다는 아이의 수준에 맞는 표현들이 많은 만화영화들을 선별했다. 화면 전환이 느리고, 주로 가족이나 친구와의 이야기가 주제인 만화영화 DVD들은 대화 내용이 자극적이지 않으면서도 재미있고, 일상에서 쓰는 어휘가 많아 기본적인 영어 표현을 익히는데 도움이 되었다.

그리고 영어책도 꾸준히 접할 수 있도록 영어도서관에도 자주 다녔다. 영어도서관에 오는 엄마들은 대부분 사교육에 의존하지 않고, 영어공부를 하는 방법에 관심이 많았다. 그래서 비슷한 관심사를 가진 또래의 엄마들을 만나게 되었고, 그 아이들과 함께 영어 모임을 만들어 5~6년 정도 영어도서관에서 함께 공부했다. 평일에 집에서 영어 만화영화를 보고 일정 구간을 음원으로 반복해 들으며 암기해서 토요일에 만나 각자 맡은 역할의 대화를 해보며 영어표현을 익히는 것이었다. 지금은 그 모임을 하고 있지 않지만, 중학생이 된 지금도 그때 잡아놓은 영어공부 습관을 계속 유지하고 있다. 이제는 만화영화 대신 미국드라마를 보며 2~3분 정도의 대화를 매일 녹음해보고, 음원을 듣고 받아쓰기를 하며 틀린 부분을 체크하면서 영어공부를 하는 것이다. 영어책도 한 주에 한두 권씩 꾸준히 읽고 있고, 해당 내용을 요약해보거나 기억하고 싶은 문장 또는 모르는 단어들을 정리하며 독후활동을 하고 있다.

아이 공부 중에 가장 큰 비중을 두는 것은 책읽기이다. 아이가 책을 가까이 하기를 원한다면 많은 책을 읽히려고 하는 것보다는 책을 좋아하게 하는 것이 중요하다고 생각한다. 책이 얼마나 재미있는지 본인이 스스로 느껴야 책을 좋아하게 되고, 읽고 싶을 것이다.

아이가 돌이 되기 전부터 참 열심히 도서관에 데리고 다녔다. 도서관에 가서 책도 빌리고, 도서관에서 진행하고 있는 프로그램에도 참여하면서 도서관이 낯선 공간이 아닌 친숙한 공간으로 인식될 수 있도록 노력했다. 도서관 앞마당에서 놀기도 하고, 아이가 좋아하는 간식도 먹고, 도서관에서 하는 체험행사에도 많이 참여했다. 그리고 집에 있는 엄마들처럼 다양한 엄마표 교육을 해주지는 못해도 잠자기 전 책 읽는 것만큼은 잊지 않고 해주려고 애썼다. 아파트로 이사하기 전 빌라에 살았을 때는 집과 도서관이 둘 다 경사진 곳에 있어, 둘째가 태어나면서부터는 7살 아이의 손을 잡고, 1살 아기를 아기띠로 매고 비탈길을 오르내려야 했지만, 매일 도서관 가는 것을 아이들이 자연스럽게 즐길 수 있도록 거의 거르지 않았다.

직장 다닐 때 제일 해보고 싶었던 일도 이렇게 아이들과 매일 도서관을 가는 일이어서 육아휴직 기간 동안 힘들다는 생각보다는 즐거운 마음으로 정말 열심히 도서관을 다녔던 것 같다. 아이들은 지금도 책을 좋아하고, 중학생이 된 큰아이는 5~6학년 정도 때부

터는 나와 비슷한 책을 읽으며 함께 책에 대한 이야기도 나누고 서로에게 재미있는 책을 추천해주기도 한다. 또 내가 읽었던 책들을 책꽂이에 꽂아두면 그중에서 자신의 취향과 맞는 것들을 골라서 읽는다. 서로에게 좋은 책을 추천해주는 관계가 자연스럽게 형성된 것 같다.

아이들이 매일 하는 학습은 세 아이 모두 목록을 만들어 그 항목을 잘했는지 확인해준다. 아이들의 연령대가 다르기 때문에 양적인 차이는 있지만, 체크하는 방법은 비슷하다. 해야 할 일들을 미리 함께 정하고 매일 한 내용을 저녁에 채점해주고, 그리거나 쓴 내용들은 함께 다시 확인해준다. 거실 책꽂이에 한 칸씩 본인의 자리를 정해줘서 매일 할 일들을 스스로 빠트리지 않고 챙겨서 할 수 있도록 한다. 어린 아이들은 집에 있는 책들 중에서 원하는 것을 골라서 읽지만, 큰아이 책은 좀 직접 챙기는 편이다. 본인이 읽는 것이 5권이라면 그중에 한두 권은 추천해주고, 그것도 매일 하는 공부들이 들어 있는 책꽂이와 함께 놓아둔다. 다 읽은 책은 거꾸로 두면 본인이 어떤 책들을 읽어야 하는지 읽었는지 확인하기가 수월하다. 큰아이는 중학생이지만, 영어와 수학 외에 별도의 학과 공부를 시험 때 외에는 하지 않기 때문에 책을 좀 더 골고루 읽을 수 있도록 신경 쓴다. 아이들이 매일 보는 영어 만화영화는 유튜브 등을 이용하기보다는 원하는 것만 볼 수 있도록 DVD를 이용한다. DVD는 일주일 치를 미리 빌려둔다.

둘째가 태어나기 한 달 전, 나는 큰아이와 많이 놀아주지 못할 것 같아 남편과 아이가 할 수 있는 체험을 찾다가 주말 아침에 성인과 어린이가 함께하는 수영프로그램이 있는 곳을 찾았다. 바로 종로문화체육센터였는데, 집에서 차로 20분 정도의 거리기는 했지만, 근처에 바로 어린이도서관도 있어 주말을 알차게 이용할 수 있을 것 같아 등록했다. 거의 8년 정도 주말마다 아침 수영을 했다. 그리고 수영을 하고 난 후 근처에 있는 어린이도서관에서 DVD와 영어책, 한글책을 빌려오기도 하고, 서촌 근처의 운치 있는 맛집에서 가족 모두 점심을 먹고 북악산 산책을 하며 바람을 쐬기도 했다. 종로도서관이 어린이도서관 바로 위에 있어 어른 책을 읽거나 빌리기도 좋으니 참고하기 바란다.

＊종로문화체육센터 ijongno.co.kr
＊서울특별시교육청어린이도서관 childlib.sen.go.kr

물론 이렇게 아이를 공부시키는 과정이 부모와 아이 모두에게 쉽지만은 않았고, 지금도 여전히 어려운 부분이 있다. 아이는 스스로 맡은 몫을 의지를 갖고 해내야 하고, 부모는 빠지는 일 없이 아이의 공부를 지속적으로 체크해야 하기 때문이다. 또 내가 하는 교육이 정말 맞는 것일까 하는 고민도 된다. 하지만 이런 경험들이 다람쥐 쳇바퀴 돌듯이 학원을 돌며 문제집을 반복해서 푸는 것보다는 여러 가지로 의미 있는 일이 될 것이라 생각해서 이런 학습 방법을 고수하고 있다.

사실 엄마의 욕심으로는 이런 교육들이 토대가 되어 기본적으로 텍스트 이해 능력이 탁월해져 학교 공부도 좀 수월하게 잘해줬으면 하는 바람도 있다. 하지만 설령 그렇게 되지 못한다 해도 좋은 글들이 아이의 마음에 남아 인격형성에 도움을 주고, 다양한 책을 읽는 독서습관은 평생 인생을 풍요롭게 살아갈 수 있는 힘이 되어줄 거라고 생각한다.

초등학교 때 중학교 선행학습을 하고, 중학교 때 고등학교 선행학습을 하고, 중·고등학교 6년을 오직 대학교만을 목표로 학원에서 시간을 보내면서 아이의 소중한 십대를 보내게 하고 싶지는 않다. 대학교에 가서는 또 취업을 위해, 취업 후에는 또 안정된 삶을 찾기 위해 끊임없이 뛰어야 하는 그런 경주마가 되지 않았으면 좋겠다. 나 또한 순간순간을 함께하고, 함께 느끼며 경제적으로든 삶의 조언이든 아이가 도움을 필요로 할 때 적극적으로 도움을 줄 수 있는 그런 부모가 되고 싶다. 매일 책을 읽으며 자본주의 사회에서 경제적 독립을 고민하며 지내온 나의 노력들이 나중에 아이들에게 그렇게 해줄 수 있는 능력의 토대가 되어줄 거라고 생각한다.

세 아이를 키우다 보면 아무래도 첫아이 위주로 사는 곳이나 하루 일정들이 정해진다. 첫아이 초등학교 입학 때, 뉴타운 아파트단지로 이사왔기 때문에 둘째와 셋째는 단지 내 평판이 좋은 어린이집에 보냈다. 뉴타운은 환경도 깨끗하고 비슷한 가정환경의 아이들이 모여 있기 때문에 기본적인 환경이 좋아서 구태여 멀리까지 보낼 이유가 없었다. 지금 둘째아이는 초등학교를 다니고, 막내는 같은 초등학교 병설유치원에 다니고 있다. 큰아이의 중학교와 두 아들의 초등학교, 유치원이 집 앞에 모여 있다 보니, 따로 데려다주거나 데려오지 않고 아이들끼리 같이 갈 수 있어서 나에게도 출근시간 여유가 많이 생겼다. 둘째와 셋째는 아들이란 특성 때문인지 첫아이처럼 빠르지도 않고, 성과가 바로 나타나지는 않는다. 하지만, 첫아이를 키워보니 아이를 키우는 것은 어떤 목표를 향해 달려가는 질주가 아니라, 그냥 계속 이어지는 삶이라는 생각이 들어 조급하게 생각하지 않고 있다. 둘째와 셋째는 많은 교육기관에 보내지 않아서인지 그림을 보면 확실히 창의적이고, 새로운 것을 배우는 데 대한 호기심이 많다. 이런 에너지를 잘 활용해서 배움에 대한 욕구가 많은 아이로 성장하기를 바란다.

첫아이,
초등학교 보내기

첫아이 초등학교에 맞춰서 이사를 생각하고 있던 나는 인근의 사립초등학교를 전부 다녀봤다. 실제로 방문하고, 인터넷으로 교육과정들을 찾아 참고해보니 약간의 장점이 있을 뿐 교육비 대비 사립학교 교육과정의 장점을 크게 느끼지 못했다. 그래서 이 정도 차이라면 교육비로 사용되는 금액을 차라리 대출 이자라도 갚으며 아파트 전세를 사는 게 나을 거라는 생각에 신축빌라에서 아파트로 이사를 결심하게 되었다.

어떤 아파트 단지를 선택해야 할까 고민하며 친정과의 거리를 생각해 결정한 곳이 불광초등학교 주변과 은평뉴타운 단지 안에 있는 신도초등학교였다. 불광초등학교는 불광역 주변이라 3호선, 6호선이 있어 교통이 좋았지만, 주변 신축 아파트들이 대부분 경사진 곳에 있었고, 빌라와 아파트가 혼재되어 있어 좀 복잡하기도 했다. 은평뉴타운은 불광동보다는 중심지역에서 더 안쪽으로 들어가야 한다는 단점이 있었지만, 평소에 자연친화적 환경이 참 예쁘다고 생각했던 곳이었고, 초등학교도 자세히 알아보니 방과후 프로그램이나 도서관이 매우 잘되어 있어 뉴타운 단지 안으로 이사하기로 결정했다.

아파트 단지로 이사하니, 여러 가지로 편리한 점이 너무 많았다. 아이들과 어디를 따로 가지 않아도 바로 앞 놀이터에서 마음껏 놀 수 있었고, 아파트 산책로에 있는 실개천의 물소리를 들으며 산책할 수 있었다. 또, 도서관도 대부분 다 평지에 있어 아이들을 데리고 여러 도서관에 가서 다양한 책들을 마음껏 볼 수도 있었다. 특히 야간에 문을 여는 어린이도서관이 있어서 저녁을 먹고 아이들과 저녁 바람을 맞으며 도서관에 가서 한적하게 책 읽는 시간이 너무 좋았다. 아이가 친구집에 놀러가도 거의 아파트 안쪽에 있어 행동반경이 확실하니 안심할 수 있었다.

세 아이를 키우면서도 많은 스트레스를 받지 않았던 것은 이곳 환경 덕분인 것도 많았다. 두 살 터울이었던 둘째와 셋째를 쌍둥이 유모차에 태우면 마트 가서 매 끼니 시장을 보는 일부터 무거운 수박을 사는 일까지 혼자 잘 처리할 수 있었다. 부동산의 재테크적인 가치도 중요하지만, 이렇게 본인이 만족할 수 있는 환경에 실거주를 하는 것도 매우 중요한 것 같다. 실거주의 만족이 주는 안정감과 행복은 경제적 가치로 매길 수 없는 더 큰 가치이기 때문이다.

세 아이를 키우다 보면 약간의 기준이 필요하다. 아이들에게 각

각 해줘야 할 일들이 있고, 나도 남편도 해야 할 일이 있으니 미리 해야 할 일과 메뉴 등을 생각해놓는 편이다. 다른 일을 하다가 식사 때가 되어 갑자기 준비하려고 하면 급하게 때우거나 혹은 배달 음식을 먹게 되고, 외식도 잦으니 건강에도 좋지 않고, 비용도 많이 들기 때문이다.

그래서 일주일 식사 메뉴는 미리 정해놓는 편이다. 처음 메뉴를 짜놓게 된 이유는 친정 엄마께서 주로 저녁을 해주시는데, 그냥 시장을 봐놓으면 나중에 먹는 음식은 상하기도 하고, 그래서 또 빨리 해먹을 수 있는 것 위주로 시장을 보면 대부분 냉동식품이 많아서 아이들의 건강에 좋지 않겠다는 생각이 들었다. 그래서 일주일 치 메뉴를 생각해서 미리 장을 봐두고 친정 엄마께도 사전에 알려드린다. 월요일, 금요일이 닭조림, 제육볶음이면 닭고기와 돼지고기는 미리 재어놓는다. 그리고 김밥과 시금치나물을 메뉴에 같이 넣으면 시금치나물을 한 번에 해서 두 가지 메뉴에 사용할 수 있으니까 생활비도 절약할 수 있다. 그렇게 해도 남거나 하는 것은 주로 주말에 다 먹고, 냉장고를 비운 다음, 다시 일요일에 새로운 메뉴를 짜서 필요한 재료를 구입해놓는다.

	아침	점심	저녁
5월 18일(월)	토스트	떡만둣국	돼지갈비조림
5월 19일(화)	스크램블	닭곰탕	카레
5월 20일(수)	떡	김치볶음밥	닭간장조림
5월 21일(목)	계란찜	스파게티	제육불고기
5월 22일(금)	고구마	옥돔구이	돼지갈비조림

이렇게 주메뉴는 미리 표시해놓고, 아침은 샐러드, 과일, 수제 요거트나 직접 갈은 주스 중에 두세 가지 섞어서 먹고, 점심과 저녁은 오이초무침이나 콩나물무침과 같은 야채 반찬과 주메뉴를 같이 먹도록 한다. 이렇게 하니, 친정 엄마도 훨씬 편하다고 하시고, 아이들도 미리 먹고 싶은 메뉴를 말하면 메뉴에 넣어서 해주다 보니, 갑자기 뭘 먹겠다고 떼쓰는 일은 거의 없고 메뉴를 좀 더 다양하게 생각해서 골고루 여러 종류의 음식을 먹일 수 있어 좋은 것 같다. 소소하지만, 적극 추천하는 생활의 팁이다.

04

심장이
뛰는 것만으로도

큰아이와 6살 차이인 둘째는 우리에게 매우 특별한 존재다. 몇 번의 유산의 아픔 끝에 찾아온 아이이기 때문이다. 아이가 뱃속에 있을 때, 초음파를 보기 위해 침대에 눕는 그 순간이 가장 떨렸다. "또 아기 심장이 뛰지 않으면 어떻게 하지…." 침대에 눕고 의사가 진단을 시작하기까지는 불과 몇 초밖에 되지 않지만, 그 짧은 침묵에 나는 참 많은 생각을 하며 진땀을 흘렸던 것 같다. 그리고 아이의 심장이 뛰는 것을 내 눈으로 확인하던 매 순간…. 그 순간을 아직도 기억한다. 아이한테 뭔가 더 많은 것을 요구하고, 더 잘하라고 말하고 싶을 때면 그때를 떠올린다. 심장이 뛰는 것만으로도 나에게 기쁨을 주었던 아이였다는 것, 그 순간을 기억하면 아이를 나무라고 싶었던 마음을 접고 그 대신 아이를 한 번 더 꼭 안아준다. 그리고 '그 순간을 잊지 말자'라고 스스로에게 다시 다짐한다.

힘들었던 시간이 있었던 만큼 아이들과 함께 있는 시간은 나에게 참 소중했다. 친정 엄마에게 많이 의지했던 첫아이와는 달리, 직접 둘째아이를 키워보니 회사를 다니며 이른 아침과 저녁에만 보는 것과는 또 달랐다. 내가 없는 하루 종일이 아이들에게는 생각보다 길었겠다는 생각이 들며 아이들을 계속 내가 돌볼 수 있는 방법이 있었으면 좋겠다고 생각했다.

2장
나를 위한 도전

01

도전,
식품기술사

둘째아이 출산을 위해 휴직에 들어갈 때 쯤, 미래를 준비하면서 하고 있는 일에서도 뭔가 더 발전할 수 있는 일을 찾고 있었다. 그러면서 '식품기술사'라는 자격증이 있다는 것을 알게 되었다. 식품 분야에서 8~9년 정도 근무했으니, 그것을 한 번 정리하며 발전시킬 수 있는 시간이 필요하겠다는 생각이 들었다. 또 자격증을 따면 일할 수 있는 분야가 넓어져 육아와 함께 병행할 수 있는 일을 할 수도 있겠다는 생각에 식품기술사 시험을 준비하기 시작했다. 식품기술사가 되면 국가기관의 국책사업이나 인증심사원으로 참가할 수도 있고, 식품위생 및 HACCP 관련 강의 등을 할 수 있는 기회가 있다고 들었다.

나는 식품영양학을 전공하고, 단체급식을 주요 사업으로 하는 회사에 근무했는데, 막상 공부를 시작하고 보니, 식품기술사는 식품가공, 제조 등과 관련되어 나에게는 생소한 내용들이었다. 시험도 1교시만 단답형으로 10문제인데, 한 문제당 A4로 반쪽 정도 써야 했고, 나머지 2~4교시는 주관식 논술형이라 모두 서술형에 A4 2~3쪽 정도를 작성해야 했다. 시험시간도 아침부터 거의 오후 5시까지로 수능시험과 비슷할 만큼 길었다. 교재도 많지 않아서 일단 시중에 나와 있는 교재를 구입해서 시간이 날 때마다 조금씩 읽어보았다. 휴직이라는 한정된 시간 안에 그 자격증을 따서 아이들을 돌보며 일을 하고 싶다는 의지가 강했던 것 같다.

주변에 기술사 공부를 하는 사람이 있지도 않았고, 정보도 많지 않아서 조금 막막했다. 또 내용도 가공이나 제조는 처음 접해봐서 너무 어려웠다. 그래서 교재를 읽어보면서 모르는 것은 인터넷을 찾아보고 이해하려고 노력했지만, 혼자 공부하려니 시간이 너무 오래 걸려 주말에 강의하는 곳을 찾아보았다. 하지만, 막상 들어본 강의는 조금 실망스러웠다. 최근 시험 경향을 분석해서 강의하는 것이 아니라, 오래전에 기술사 시험에 합격한 분들이 본인의 경험담이나 주력 분야에 대해 포괄적으로 이야기해주는 식이었다. 또 많은 시간이 면접을 대비한 토론 수업이었는데, 제조나 가공 분야는 별로 아는 게 없었던 나는 토론 시간이 더 난감했다. 하지만 강의를 최대한 이용하기 위해 평일에 공부하고, 모르는 것들을 체크해 주말에 해당 강사 분께 물어보고, 함께 준비하는 사람들에게도 물어보며 내가 경험하지 못한 다양한 분야의 경험들을 이해할 수 있도록 노력했다. 그때는 모유수유도 하고 있어서 수업을 듣는 시간을 내는 것조차 부담스러웠지만, 육아에서 벗어나 잠깐씩 새로운 공부를 한다는 느낌은 참 좋았던 것 같다. 모든 시험이 그렇듯 기출문제를 중심으로 내가 알고 있는 것을 연결시켜 표현할 수 있도록 예상 답안들을 만들어나갔고, 그것을 반복해서 보며 기존보다 좀 더 좋은 답안을 만들어나가는 작업을 반복했다. 처음에는 정말 부끄럽게 한두 줄도 쓰기 힘들었는데, 반복하다 보니 서론을 풀며 본론을 이야기하고, 앞으로의 발전 방향으로 결론을 서술하는 것까지 조금은 익숙해져 1~2줄에서 2~3줄, 2~3줄에서 반쪽 정도는 쓸 수 있게 되었다. 핵심 내용을 반쪽 정도 알고 있으면 서론과 결론에 내용을 덧붙여서 A4 한 페이지 반에서 두 페이지 정도는 만들 수 있다. 각각의 내용에 대해 아는 게 많아지니 연관성이 있는 것들끼리는 서로 내용을 덧붙여 쓸 수 있어 공부할수록 모범답안의 내용이 훨씬 더 풍성해졌다.

함께 공부하는 분들과는 수업이 끝난 후 잠깐이라도 티타임을 가졌다. 시험에 대한 이야기뿐 아니라, 식품업계에 종사하는 분들의 다양한 이야기를 들으며 시야가 조금씩 확장되어가는 것 같다. 식품기술사 합격 후 HACCP을 받은 업체에 HACCP 기준을 잘 지키고 있는지 진단을 나간 적이 있는데, 함께 공부하던 식품업계 사장님의 회사여서 서로 너무 반가웠다. 지금까지도 가끔 만나는 분들은 대부분 식품업에 종사하는 CEO이신데, 서로의 경영 방식에 대해 이야기를 나누며 참고할 만한 사항을 공유하고 각자의 사업에 새로운 방식을 적용하며 좋은 에너지를 나누고 있다.

식품기술사는 나의 전공 분야와 약간은 거리가 있었지만, 시험

문제의 모범답안을 만들 때 나의 전공 분야나 내가 알고 있는 것과 연결시키며 답안을 작성할 수 있도록 준비했다. 아이들을 돌보며 공부해야 했기 때문에 할 수 있는 시간이 많지 않았지만, 남편의 퇴근 후나 주말에 집중적으로 공부하고, 시험에 임박해서는 친정 엄마가 아이들을 돌봐주고, 도움을 주셔서 공부에 집중할 수 있었다.

그렇게 그해 필기시험과 면접시험에 합격했고, 자격증을 취득하자 갑자기 할 수 있는 일이 많아졌다. 강의도 들어오고, 강의 급여도 박사와 같은 수준으로 매겨져 시간당 급여도 매우 높았다. 그리고 HACCP 컨설팅과 같은 새로운 일도 할 수 있었고, 각 국가기관에 인증심사원이나 국책사업 과제도 참여할 기회가 있었다. 하지만 강의는 전국에서 매번 다른 주제로 들어오기 때문에 강의 준비와 이동 시간을 감안하면 직장 다닐 때보다 더 불규칙하고 시간 투자가 많았다. 물론 강의 자료도 데이터로 구축되면 차츰 수월해지겠지만, 대부분 일회성 강의로 들어오는 것들이어서 자료를 만드는 시간이 너무 많이 들었다. 진단 업무나 국책사업도 단발성으로 진행되는 것이 많으니 꾸준히 하기는 조금 어려웠고, HACCP 컨설팅 또한 그동안 해왔던 일이 아니라 식품기술사 자격증이 있어도 경험을 쌓을 때까지는 좋지 않은 조건에서부터 시작해야 했다.

지금 생각해보면 직장을 그만둔 상태가 아니어서 새로운 일에 좀 더 집중하지 못했던 점도 있는 것 같다. 또 좋은 조건으로 이직할 수도 있었는데, 대부분 지금 있는 곳보다는 작은 기업이라 선뜻 결정내리기가 망설여졌다. 그 이후에도 국책사업에 간간이 참여하고, 업체에 진단을 나가기도 했지만 기존의 회사에서 했던 안정적인 일이 육아와 병행하기에는 더 나을 수도 있겠다는 생각에 복직을 결심하게 되었다. 아이들도 어린이집에 적응을 잘해서 하원과 저녁식사만 친정 엄마에게 도움을 받을 수 있으면 아이들의 생활에 큰 지장 없이 나도 직장 생활을 다시 할 수 있겠다는 생각이 들었기 때문이다. 그렇게 6개월만, 1년만, 3년 정도만… 지내면 충분히 만족한다고 생각했는데, 복직해서 그렇게 4년 반 정도를 무사히 잘 다니고 있다.

시간을
버는 기술

이 글을 읽다 보면 아이 셋을 키우면서 어떻게 이런 일들을 다 진행했을까 하는 생각이 드실 수도 있을 것 같다. 나도 예전에는 회사를 다니면서 다른 일은 할 수 없다고 생각했던 때가 있었다. 그때도 출퇴근 시간을 이용해 간간이 책을 읽기는 했지만, 주말 저녁이면 야식을 먹으며 늦게까지 밀린 드라마나 예능을 보고 잠들었다. 그러면 당연히 그다음 날 늦게 일어나고, TV를 보며 아침 겸 점심을 먹게 되고, 마트 한 번 다녀오고 나면 주말이 다 지나가는 삶을 반복했다. 하지만 지금은 아이 셋을 키우면서도 내 시간을 확보할수 있는 방법을 찾는다. 그 시작을 거슬러 올라가보면 TV를 없앴을 때부터 삶의 변화가 시작된 것 같다. 여러 책들에서 TV를 없애보라는 이야기가 많이 등장한다. 지금은 유튜브 등 다양한 영상매체가 있어서 TV를 없애는 것이 크게 의미가 없다는 분도 계시지만, 무의식적으로 큰 화면을 틀어놓고 지내는 것과 의식적으로 보고 싶은 부분을 골라서 보는 것은 차이가 큰 것 같다.

처음에는 남편이 TV 없애는 것을 반대해서 일단 안방 쪽으로 옮겼는데, 그렇게 지내도 TV가 없는 것에 대한 불편함을 거의 느끼지 못했다. 그냥 무의식적으로 TV를 보지 않으니 여유 시간이 생겨 혼자만의 시간이나 가족끼리의 대화에 더 집중할 수 있어 여러 가지로 더 좋았다. 여유 시간이 생기니 책도 더 읽게 되고, 책을 빌리려 도서관에 가는 일이 많아지며 행동반경이 마트에서 도서관으로 바뀌었다. 예전에는 주말에 시간이 나면 쇼핑센터나 마트를 자주 갔는데, 이제는 주말에 그런 곳에 가는 시간이 제일 아깝게 느껴진다. 주말에 마트나 쇼핑센터에 방문하면서 기다리며 보내는 시간이 얼마나 긴지, 그 시간이면 얼마나 많은 일을 할 수 있는지 느껴지기 때문이다. 그래서 마트를 가는 대신 동네 슈퍼에서 필요한 것을 사고, 쇼핑센터에 꼭 갈 일이 있으면 저녁을 먹고 사람이 없는 시간에 가서 필요한 것만 사가지고 나온다. 이러다 보니 먹다 남아서 버릴 음식도, 필요없는 물건을 많이 사는 일도 자연스레 없어졌고, 책을 읽거나 아이들과 보낼 수 있는 시간이 더 많아졌다.

복직을 일주일 앞두고, 나는 셋째 임신 사실을 알게 되었다. 가끔 책에서 세 아이를 키우며 도서관에서 교육을 하는 전업주부의 삶이 부럽기도 했지만, 생각하지 못한 일에 잠깐 당황스럽기도 했다. 어릴 적부터 남들과 다르지 않게 평범하게 자라 학창 시절을 보내고, 대학교에 가서 졸업 후 취직을 하고, 결혼을 해서 두 아이의 엄마가 되어 평범하게 살아온 내 인생에서 가장 큰 반전처럼 느껴졌다.

　개인적으로 보면 그렇게 받아들이기 힘든 일도 아니었다. 그러나 둘째아이 출산 때 큰아이 때 휴직까지 같이 써서 긴 공백기를 가지게 되었고, 복직을 일주일 앞두고 근무하게 될 부서에서 면담하기로 한 전날이었기 때문에 또 임신을 해서 휴직을 해야 하는 상황이 매우 난감하게 느껴졌다. 하지만 직장에 사실대로 이야기하고, 복직을 미뤘다. 사실 그때는 세 아이의 엄마가 되면 더 이상 사회생활을 할 수 없을지도 모르겠다는 생각이 들었다. 하지만 그 사실도 크게 두렵지는 않았다. 그전부터 책을 읽으면서 생활이 많이 간소해졌고, 생활의 규모가 남편이 혼자 벌어도 가능하게 조금씩 맞춰지고 있었기 때문이었다.

　아이들과 많은 시간을 보내며 책을 읽고, 몸에 좋은 음식을 만들어 먹으며 지내는 시간들은 소중하고 행복했다. 하지만 셋째가 태어났을 때는 모유수유를 하며 아이들의 육아를 같이 하니 체력이 떨어져서 몸이 좀 지치기도 했다. 둘째는 어려서 유아식을 해줘야 했고, 큰아이는 초등학생이니 약간 간이 있는 음식을 먹고 싶어했고, 남편은 건강 관리를 한다고 현미식을 먹고 싶어해서 식사 준비하는 것만 해도 시간이 오래 걸렸다. 하지만 이런 문제들은 아이들이 자라며 자연스럽게 해결되었고, 이런 와중에도 내게 주어진 시간을 집안일로만 보내고 싶지 않아 집안일을 할 때는 독서 팟캐스트를 들으며 일하고, 나중에 시간이 날 때 거기서 나온 책들을 읽는 식으로 시간 활용을 했다.

요즘은 《미라클 모닝》이라는 책 때문에 새벽 기상을 실천하는 사람들도 많지만, 나는 그 책을 최근에 읽었고, 그때는 내 스스로 집중할 수 있는 시간을 갖기 위해 스스로 일찍 일어나는 경험을 처음 했던 것 같다. 하루 종일 집안일을 나눠서 하기보다는 일찍 일어나 집안일을 몰아서 하고 집중할 수 있는 시간을 조금이라도 확보해보려고 노력했다. 5시 반쯤 일어나, 세 아이와 남편의 식사 준비를 하고, 간단한 청소 후 학교와 어린이집을 보내면 막내가 자거나 할 때 2시간 정도는 내 시간을 가질 수 있었다.

　주로 도서관에 가거나 집에서 책을 읽었고, 책을 읽으면 읽을수록 더욱 읽고 싶은 책이 많아졌다. 여러 권을 읽다 보니 읽은 책을 또 빌려오는 경우도 있었고, 읽을 때는 너무 좋았는데 읽고 그냥 잊어버리는 경우도 많아졌다. 그래서 블로그에 읽었던 책의 좋았던 부분이나 감동받은 부분, 기억하고 싶은 부분을 기록했고, 현재 600여 건을 기록하고 있다. 《책은 도끼다》, 《여덟 단어》의 박웅현 작가는 책을 읽으면 울림을 받은 부분에 줄을 치고, 그것을 타이핑해 반복해서 보며 떠오르는 것들을 포스트잇에 메모한다고 한 것을 읽고 나도 그런 기록을 하기 시작했다. 그리고 다른 사람과 공유할 수 있다면 좋을 것 같아 블로그에 기록을 시작한 것이다. 그전에도 책을 간간이 읽기는 했지만, 집중적으로 읽게 된 것은 박웅현 작가의 《책은 도끼다》라는 책을 읽으면서인 것 같다. 박웅현 작가의 책과 거기에 나오는 문학책들을 다 읽고, 또 그 문학책들과 연관되는 책들을 읽으면서 계속 다양한 책들을 읽어나갔던 것 같다.

육아를 하면서도 1~2시간 정도 혼자만의 시간을 갖는 것은 아이와 엄마 모두에게 좋다. 사실 아이들을 어린이집에 맡기고 혼자 시간을 갖는 게 가끔 마음에 걸리기도 했지만, 재충전의 시간을 가짐으로써 아이들에게 좀 더 기분 좋게 대해 줄 수 있고, 함께 있는 시간을 더욱 소중하게 느끼면서 충실하게 보낼 수 있었다. 세 아이의 육아가 힘들기도 했지만, 이미 큰아이를 키워본 경험으로 이 순간이 오래가지 않는다는 것을 알고 있어서 그 시간들이 너무 소중했고, 아이들이 크는 순간순간을 마음에 새기며 간직하고 싶었다. 그리고 또 그만큼 나에게 주어진 시간들도 소중해서 그냥 흘려보내고 싶지 않았다. 그래서 남는 시간에 책을 읽는 것이 아니라, 스마트폰을 보는 시간이나 그냥 흘려보내는 시간을 최대한 줄여서 책 읽을 시간을 확보해보려고 노력했다. 아이들과 나들이를 갈 때도 내가 책을 읽을 수 있는 공간이 있는 곳 위주로 선정해서 아이들은 신나게 뛰어놀고, 나도 집중해서 책을 읽을 수 있었다. 모두가 다 즐거울 수 있는 방향으로 시간을 보내려고 했던 것이다. 어느 명절 전날 아침에는 블로그에 이런 글을 썼다.

어제 11시 정도에 잠이 들었다. 5시 알람, 5시 30분 알람, 그리고 5시 50분에야 이불 속에서 아쉬운 마음을 접고 나왔다. 쌀을 씻고, 밥을 안치고, 세탁기를 돌리고 하루를 준비한다.

감자계란국, 계란말이 등 아직 일어나지 않은 가족들의 아침을 챙겨놓고 간단히 아침식사를 한 후 7시 50분 집 앞 카페에 앉아 블로그 정리도 하고, 책을 읽기 시작한다. 늦어도 점심 먹기 전까지는 시댁에 도착해야 해서 시댁에 가져갈 과일선물을 어제 미리 준비해 놓고 애써 나만의 시간을 만들어본다. 주어진 시간이 길지는 않지만, 시간을 가질 수 없음을 불평하기보다는 조금 더 몸을 빨리 움직여 나만의 시간을 갖는 여유를 만들어본다. 한 집안의 며느리, 딸, 엄마, 아내인 나이지만 주어진 쳇바퀴만을 돌지 않는, 생각하는 인간임을 확인하는 시간이라고 말하면 너무 거창할까.

새벽에 알람 소리에 잠이 깨도 우리는 참 많은 핑곗거리를 생각하다 시간을 보내고, 결국 다시 잠이 들어 평소보다 오히려 더 늦게 일어난다. 일어나서 책을 읽고 피곤한 하루를 보내는 것보다는 조금 더 푹 자두는 게 낫지 않을까… 등등 일찍 일어날 수 없는 이유들을 생각한다.

그 생각들을 접어두고 그냥 일단 일어나 조금 달라진 하루를 시작해보면 어떨까. 오늘 아침 이 책을 읽은 나는…, 이렇게 아침에 많은 생각을 하는 나는…, 어제의 나와 조금은 달라져 있지 않을까. 이런 기대로 매일매일 새로운 날을 만들어본다.

명절 긴 연휴에는 차례 준비를 하고, 가족과 보내는 시간이 많다 보니, 나만의 시간을 내기가 쉽지 않고, 계속되는 일거리에 지치기도 한다. 보통 가족들이 8시 정도에 일어나니까 일찍 일어나서 아침을 챙겨두면 2~3시간 정도는 나만의 시간을 확보할 수 있다.

03

내 삶의
레몬민트티

책은 흐름이 있는 음악이나, 화려한 영상이 있는 영화도 아닌 한 구절 문자의 나열에 불과하지만, 그럼에도 가슴 속 깊은 곳을 저리게 만들 정도의 공감과 위로를 줄 때가 있다. 그런 이유로 우리는 책에 빠져들고, 그것이 한 사람의 인생을 바꾸기도 한다.

나 역시도 본격적으로 책을 읽으면서 삶이 많이 변화했다. 무엇보다 다른 사람의 시선보다는 내가 느끼는 내 삶의 본질을 더 중요하게 생각하게 되었다. 그리고 관심 분야가 확장되다 보니 하고 싶은 일들이 생겨나기 시작했다. 하고 싶은 일은 하는 게 좋다는 말은 학생 때부터 많이 들어왔던 말이고, 지금도 학생들에게 가장 강조하는 말 중에 하나다. 하지만 학교 다닐 때부터 정해진 교육만 받은 우리 세대나 지금의 학생들은 시키는 일을 하는 데만 익숙하기 때문에 본인이 하고 싶은 일을 찾기가 매우 힘들다. 요즘 학생들에게도 무엇을 하고 싶은가 물으면 무엇을 하고 싶은지 모르겠다는 답을 제일 많이 할 것이다.

책을 읽는다고 해서 갑자기 하고 싶은 일이 막 생기는 것은 아니다. 500여 권을 읽고 기록했을 때, 남들은 300권만 읽고도 책도 쓰고, 많은 활동을 하는데 그런 사람들에 비하면 나는 왜 달라진 게 많지 않을까 하는 생각을 한 적도 있다. 하지만 사람마다 그런 변화가 찾아오는 시기는 다 다른 것 같다. 그렇지만 기본적으로 책을 많이 읽은 사람들은 책을 읽으면서 자신의 삶에 충실해지고, 간소한 삶을 살며, 영혼의 풍부함에 집중한다는 점에서 비슷한 것 같다.

책을 읽으면서 어떻게 살 것인가에 대한 고민을 하며 인간관계, 아이들 교육, 자산 활용 등을 다양하게 고민하게 되고, 그것 중에서 하고 싶은 것들을 조금씩 시작하게 되는 것이다. 그 변화는 바로 보여질 수도 있고, 서서히 보여질 수도 있겠지만, 보이지 않는다고 해서 아무 변화도 없는 것은 아니다.

지금은 책도 쓰고, 다가구주택을 지으면서 다음 물건에 대한 검토를 계속하다 보니, 책읽기를 예전처럼 집중적으로 할 수 없을 때가 많다. 그래도 마음이 혼란스럽거나 힘들 때는 다시 책을 찾게 된다. 몸에도 해독이 필요하듯이 가끔 정신에도 해독이 필요할 때가 있다. 좋은 사람들과의 만남도 나에게는 큰 힐링이 되지만, 책을 읽지 않고 무엇인가를 계속 표현하기만 하다 보면 내 안의 무엇인가가 계속 소모되는 느낌이 든다. 그리고 각종 욕망들이 조금씩 침범해서 그 빈자리를 메꾸면서 불만과 남 탓을 하는 마음이 커지는 것 같다. 그럴 때 응급처방처럼 한 권의 책을 집중해서 읽다 보면, 이 것저것 잡다하게 배불리 먹은 뒤 마시는 한 잔의 레몬민트티처럼 속이 깨끗해지는 느낌이 들면서 정신이 맑아지는 것 같다.

04

벌거벗을 용기

여러 권의 책을 읽다 보니 재테크 마인드나 실전에 대한 책들도 많이 읽게 되었는데, 그런 책들을 읽으면서 '모든 사람이 평생 일만 하며 월급으로 사는 건 아니구나…'라는 생각이 들었다. 먹고사는 문제를 해결하고 좀 더 가치 있는 것을 추구하며 사는 사람들이 존재한다는 것을 알았고, 나도 그 사람들처럼 내가 가진 것을 활용해서 그런 시스템을 만들 수 있지 않을까 하는 생각이 들었다. 삶도 예전에 비해 단순해져서 책과 건강한 음식, 좋은 사람들 외의 다른 것에는 거의 관심이 생기지 않았다.

물론 그때 가진 것만으로도 아끼고 절약하면서 집에서 아이들을 돌보며 전업주부로 살 수 있었지만, 내가 누려본 좋은 자유를 선택할 수 있는 기회를 남편에게도 주고 싶었다. 물론 직장은 자아실현의 목적이 될 수도 있겠지만, 의무가 아닌 선택할 수 있는 환경이 된다면 남편도 더 행복할 수 있을 거라고 생각했다.

그래서 나는 다시 복직을 결심하고 그것이 가능한 시스템들을 생각해보았다. 셋째를 가졌을 때는 다시 복직할 수 없을지도 모르겠다는 생각이 컸다. 둘도 아니고, 셋이나 되는 어린아이들을 다른 사람 손에 맡기는 것이 가능할까라는 생각이 들었던 것이다. 하지만 아이들은 조금씩 자라서, 일찍 일어나서 아침을 먹이고 어린이집에만 데려다주면 우리집 근처에서 운동을 하고 계신 친정 엄마가 아이들을 데리고 와서 저녁을 챙겨주는 일은 흔쾌히 해줄 수 있다고 하셨다. 그러면 친정 엄마도 많은 시간을 할애하지 않아도 되니 덜 부담스러울 것 같았고, 아이들에게도 크게 생활 변화가 있는 것이 아니라 가능할 수 있겠다는 생각이 들었다. 이제 연세가 있으셔서 힘드실 텐데, 지금도 혼자 있는 것보다는 아이들 때문에 웃는 시간이 더 즐겁다고 하시니 나는 확실히 복 받은 사람이 맞는 것 같다. 이 기회를 통해 친정 엄마에게 감사의 마음을 다시 한번 전하고 싶다.

막상 복직하니, 일상은 바쁘게 흘러갔다. 다시 일을 하는 것이 괜찮다고 생각했는데 심적으로 부담이 되었는지 에스컬레이터나 지하철을 탈 때 두려운 감정이 드는 증세가 나타나기도 했다. 일반 기업에서 4년이나 경력이 단절된 직원은 결코 반가운 대상이 아니기 때문에 직장에서의 역할을 찾는 것도 쉽지 않았다. 하지만 시간이 흐름과 동시에 그런 문제들은 자연스럽게 해결되었다.

하지만 휴직 전과 후에 직장생활을 대하는 내 마음은 조금 달라졌다. 휴직 전에는 주로 회사의 주요 업장에서 근무했기 때문에 나 스스로 회사에서 중요한 사람으로 생각했고, 그래서 개인의 삶보다 는 회사 일정에 맞춰 일상의 일들을 맞춰가려고 노력했던 것 같다. 하지만 휴직기간 동안 조직 밖에서 지내보며 나에게 진짜 중요한 것들이 무엇인가 끊임없이 고민하게 되었고, 그것은 회사에서 찾을 수 있는 것이 아니라 나 개인으로서 무언가를 준비해가며 만들어야 겠다는 생각이 들었다.

그리고 복직을 결심하면서 육아 외에 가장 아쉬웠던 일은 더 이 상 마음껏 책을 읽을 수 없다는 점이었다. 하지만 출퇴근 시간에 집 중해서 읽으면 2시간 정도는 확보할 수 있었고, 그렇게 책 읽는 것 이 습관이 되어 휴직했을 때와 비슷한 양의 책을 읽을 수 있었다. 그래서 복직한 첫 해에는 150권 정도로 휴직 때와 비슷하게 책을 읽었다.

복직 후 지금도 계속 근무하고 있지만, 내가 하고 싶은 일을 고 민하며 그것을 포기하지 않고 지켜나가려고 노력하고 있다. 그리고 언젠가 조금 더 확신이 들면 과감하게 내 일에 집중해볼 수 있도록 준비하고 있다.

3장
재개발 투자로
서울 신축 아파트
마련하기

신혼 첫 내 집 마련,
종로 재개발 투자

신혼살림은 시어머니댁에서 시작했지만, 우리도 장기적으로 살 집이 필요했기 때문에 내 집 마련에 대한 고민을 시작했다. 그냥 대출을 끼고, 일반 아파트를 사서 나중에 실거주를 하는 방법도 생각해봤지만, 이자 부담이 너무 큰 것 같았다. 건축사이셨던 아주버님은 내 집 마련을 해야 하는 우리를 위해 숭인동 쪽 재개발 소식을 알려주셨다.

　　지금은 청계힐스테이트가 된 지역인데 지역 분석을 해보니 입
지가 좋았다. 아파트가 들어설 곳은 신설동역 11번 출구와 버스정

류장에서 도보 5분 거리에 있었고, 신설동역은 1호선, 2호선(현재 우이신설선 신설)이 있어서 교통도 매우 좋았다. 동대문쇼핑타운도 걸어서 15분 정도면 갈 수 있고, 종로까지는 대중교통으로 10분 정도밖에 걸리지 않는다.

내가 매입한 주택은 오래된 단독주택이었는데, 그 당시 사업시행 인가까지 진행되어 있었고, 워낙 오래된 주택이라 사람은 살지 않았다. 다음의 자료를 보면 재개발 단계와 그 단계에 따른 소요기간과 수익성이 나타나 있다.

〈재개발 추진 절차〉

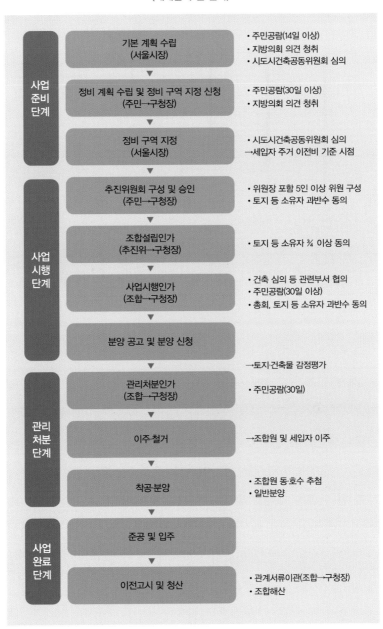

단계	절차	비고
사업 준비 단계	기본 계획 수립 (서울시장)	• 주민공람(14일 이상) • 지방의회 의견 청취 • 시도시건축공동위원회 심의
	정비 계획 수립 및 정비 구역 지정 신청 (주민→구청장)	• 주민공람(30일 이상) • 지방의회 의견 청취
	정비 구역 지정 (서울시장)	• 시도시건축공동위원회 심의 →세입자 주거 이전비 기준 시점
사업 시행 단계	추진위원회 구성 및 승인 (주민→구청장)	• 위원장 포함 5인 이상 위원 구성 • 토지 등 소유자 과반수 동의
	조합설립인가 (추진위→구청장)	• 토지 등 소유자 ¾ 이상 동의
	사업시행인가 (조합→구청장)	• 건축 심의 등 관련부서 협의 • 주민공람(30일 이상) • 총회, 토지 등 소유자 과반수 동의
	분양 공고 및 분양 신청	
관리 처분 단계	관리처분인가 (조합→구청장)	→토지·건축물 감정평가 • 주민공람(30일)
	이주·철거	→조합원 및 세입자 이주
	착공·분양	• 조합원 동·호수 추첨 • 일반분양
사업 완료 단계	준공 및 입주	
	이전고시 및 청산	• 관계서류이관(조합→구청장) • 조합해산

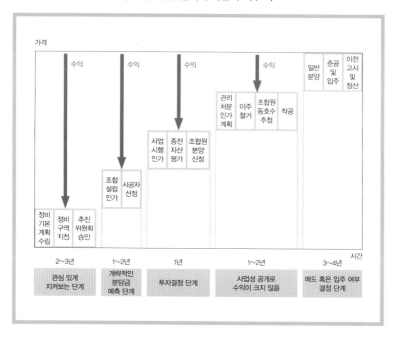

〈재개발 추진 절차에 따른 수익구조〉

재개발 초기 단계에 시작하면 수익성은 크지만, 기간이 오래 걸리고 사업이 어떻게 될지 모른다는 불확실성을 가지고 있다. 사업시행인가 단계는 사업이 어느 정도 확정적으로 진행되고 있는 상태이지만, 경우에 따라서는 시간이 매우 오래 걸리기도 한다. 관리처분이 된 단계는 재개발의 거의 마지막 단계이고, 이주·철거 후 바로 착공에 들어가기 때문에 불확실성이 많이 줄어든다. 물론 사업이 많이 진행된 만큼 프리미엄도 많이 붙은 상태이지만, 기간이 오래 걸리는 기회비용이 줄어들기 때문에 초보자라면 이 단계에 진입하는 것이 안정적이라고 생각한다.

이 재개발 지역을 매입한 시기가 2005년쯤이었는데, 권리가액이 6,500만 원에 프리미엄이 4,500만 원 정도 붙어 있어서 우리는 총 1억 1,000만 원에 그 주택을 매입했다. 사업시행인가까지 진행된 곳이어서 프리미엄이 형성되어 있었지만, 후에 신축 아파트에 입주할 수 있다는 기대감으로, 현재 아파트를 대출받아 구입하기보다는 재개발 계획이 있는 그곳의 노후 주택을 매입한 것이다.

재개발은 앞서 본 추진 절차대로 보통 진행되고, 진행에 따라 앞서 표와 같이 수익구조의 차이를 갖게 된다. 진행단계에서 뒤쪽으로 갈수록 사업이 무산될 가능성이 거의 없다. 사업성이 공개되어 일찍 시작한 것에 비해 수익구조는 적지만, 어느 정도 확정 수익을 알 수 있기 때문에 무한정 지체되어 자금을 회수할 수 없는 것보다는 안전한 구조다. 초기 단계일수록 수익률은 높지만, 해제될 가능성이 있고, 사업이 15년 이상 무한정 지연되는 경우도 있다. 서울 은평구 불광5구역의 경우 2010년 12월 19일 조합설립인가를 받았지만, 아직도 사업시행인가를 앞두고 있다.

재개발 지역에 투자하고 싶다면 단순히 진행 단계나 수익성만 확인할 것이 아니라, 국가 정책 방향을 확인해서 이 지역에 어떤 정책 방향을 가지고 있는지를 파악하는 것도 중요하다. 국가가 추진하는 방향과 일치한다면 사업이 지연되지 않고 각 단계에 맞게 원활하게 진행될 수 있기 때문이다.

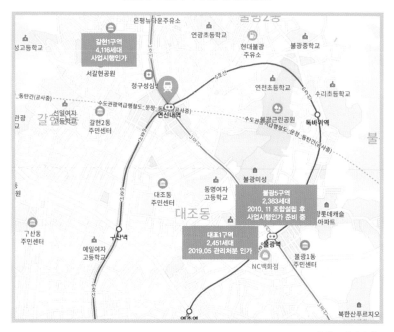

〈은평구 연신내역 주변 재개발 현황〉

보통 재개발을 앞두고 있는 지역은 임대가가 낮기 때문에 사업이 지연될 경우 투입된 비용을 회수하는 기간이 너무 길어진다. 재개발 투자 시 유의해야 하는 부분이다. 남편이 가지고 있던 평촌아파트는 재개발 주택을 매입하기 전 바로 매도했다. 그때 우리는 투자자 마인드가 전혀 없었기 때문에 집은 당연히 하나만 가지고 있는 거라고 생각했고, 그 아파트도 교육환경이 좋고, 아이들 키우기에 좋았지만 새로운 집이 생길 예정이니 당연히 팔아야 한다고 생각했다. 매도하고 전세금을 제하고 나면 남는 금액도 크지 않기 때문에 지금이라면 보유할 수 있는 방안을 고민해봤을 것이다. 신랑도 그냥 팔기에는 아깝다고 생각해서 회사에서 평소 친분이 있던 분에게 그 집을 매도했다.

　누나에게 서울 아파트 분양권을 주고, 회사 친구에게 괜찮은 조건의 집을 매도한 신랑의 따뜻한 마음 때문일까? 회사의 그 친구는 후에 잠깐씩 돈을 융통해야 할 일이 있을 때마다 거액의 현금을 선뜻 빌려주셨다. 일시적으로 대출을 받는 등 복잡하게 해결했어야 할 일을 간단하게 해결할 수 있도록 그분은 큰 도움을 주셨다.

　재개발 지역에서 매입한 노후 주택은 곧 철거에 들어갔고, 예상대로 순조롭게 진행되었다. 재개발 투자를 해본 분들은 알겠지만,

조합원 분양가에서 내 토지 가격으로 인정받은 권리가액은 제외하고 중도금을 내야 한다. 우리는 월급을 열심히 모아서 중도금을 냈고, 내지 못할 때는 대출도 받으며 새 아파트의 완공을 기다렸다. 중간에 상가분양이 원활하게 되지 않아서 추가 분담금을 1,000만 원 정도 더 납입해야 했다. 드디어 새 아파트가 완공되었다.

중간중간 분담금을 낼 때는 분양가가 높은 것 같아서, 이렇게 비싸게 주고 사는 거면 이미 지어진 아파트에 살면서 대출을 갚는 게 낫지 않을까 하는 생각도 들었다. 하지만 부동산에 전혀 경험이 없는 내 생각보다 실제 입주 시 새 아파트의 전세금은 매우 높았다. 지금도 서울 신축 아파트의 인기는 매우 높지만, 그때도 마찬가지로 신축 아파트는 기존의 아파트 가격을 경신하며 거래가 이루어졌기 때문이다. 25평 조합원 분양가가 1억 9,100만 원 정도였는데, 첫 전세금이 1억 8,000만 원이라 원금이 거의 다 회수되었다. 주변 사람들은 당연히 내가 새 아파트에 입주할 거라고 생각했지만, 나는 고민 끝에 새 아파트에 입주하지 않았다. 그때 살고 있던 동네는 연신내역 주변이라 물가도 저렴하고, 남편과 함께 직장을 다니며 아이를 키우는 데 큰 불편함이 없었다. 또 친정 엄마가 아이도 봐주시고, 여러 가지로 챙겨주시니 직장생활을 하는 나에게는 큰 도움이 되었다.

그래서 새 아파트에 들어가서 무리하게 대출을 갚아나가는 것보다 대출 없이 새 아파트의 전세금을 받아 내가 사는 곳도 좀 더 좋은 곳으로 옮기는 선택을 했다. 기존 집이 구축 투룸이었다면 새로 이사한 집은 거실도 넓은 방 3개의 신축빌라여서 우리에게는 아파트 못지않게 좋게 느껴졌고, 만족스러웠다. 엘리베이터가 없는 4층이라 사실 불편한 점도 있었지만, 넓은 테라스에서 친구들과 큰아이 친구들을 초대해 고기파티도 자주 하고, 작은아이 수영장과 모래놀이 공간도 마련해서 정말 즐겁게 지냈던 것 같다. 남편은 소방시설관리사라는 전문자격증을 준비하고 있었는데, 이때 자격증을 취득해서 좀 더 좋은 조건으로 이직했고, 나는 둘째아이를 임신하게 되었다.

내가 새 아파트에 들어가지 않는다고 했을 때, 주변에서는 새 아파트를 세주면 집 다 망가진다며 여러 가지 충고를 해주었다. 나는 가끔 만약 내가 그 집에 들어갔으면 어땠을까 하는 생각을 해본다. 그러면 새 아파트에 살며 대출을 갚아나갔겠지만, 새 아파트 생활에 젖어 그냥 그곳에 만족했을 것 같다는 생각이 든다. 빌라 주변은 물가도 조금 저렴한 편이고, 아직 아이가 학교에 들어가지 않았기 때문에 교육환경 또한 얼마든지 내가 좋은 곳으로 선택해서 보낼 수 있다. 신혼부부라면 내 집 마련의 한 방법으로 이런 전략도 생각해보면 좋을 것 같다. 이후 전세가가 계속 오르면서 이 아파트의 투입 금액은 모두 회수되었고, 그 이후부터 전세금이 오르는 것은 플러스 프리미엄이 되었다.

이 아파트는 광화문이나 종로에서 대중교통으로 10~15분 거리에 있고, 버스정류장과 지하철역이 바로 앞이라 맞벌이 부부에게 인기가 좋아 임대를 내놓고 이틀 이상 기다려본 적이 없었다. 동대문시장도 도보 이용이 가능해서 동대문시장에서 사업하시는 분들의 월세 수요도 많이 있었다. 장사를 하시는 분들은 새벽 장사를 하기 때문에 월세가 높아도 빨리 집에 도착해서 쉴 수 있는 가까운 곳을 선호했고, 계속 현금을 활용해 사업자금으로 활용하는 분들이라 보증금이 적고, 월세 비중이 높은 것도 수요가 있었다. 그래서 보증금을 줄이고, 월세 비중을 높여도 임대가 가능했다.

둘째 임신 전 몇 번의 아픔을 경험하는 동안 나는 퇴사하고 건강 관리에만 집중할까 고민도 했지만, 직장생활을 하며 규칙적인 생활을 하고 경제력을 조금 더 보완해서 훗날 태어날 아기와 더 달콤한 시간을 보내야겠다는 긍정적인 마음을 가졌다. 그래서 둘째 아이가 태어나던 달 그렇게 모은 자금으로 전세금 일부를 반환해주고, 반전세로 소액의 월세를 받게 되었다. 많은 금액은 아니었지만, 비교적 젊은 나이에 경험한 월세 경험이 나에게는 부동산을 바라보는 새로운 전환점이 되었다. 아무것도 하지 않았는데 매월 40만 원을 꼬박꼬박 받게 되면서, 일하지 않고도 돈을 받을 수 있다는 새로운 경험을 하게 된 것이다.

그 당시는 최저시급이 낮은 시절이라 10시부터 2시까지 꼬박 일해도 세금을 떼고 나면 그 정도밖에 받지 못했는데, 내가 일하지 않아도 출근하지 않아도 그 정도의 돈을 벌 수 있다는 것이 매우 충격적으로 다가왔다. 그리고 육아휴직에 들어가면서 남편의 월급만으로 생활해야 한다는 것이 조금 부담되기도 했는데 적은 금액이라도 월세가 들어오니 심적으로도 든든했다. 그래서 나는 돈을 더 모으며 전세금을 계속 갚아 보증금을 최소로 하고 월세를 최대로 받기 위한 계획을 세워보았다.

계획대로 돈을 모아 전세금을 갚았고, 보증금 5,000만 원에 월세 130만 원 정도를 받을 수 있었다. 몇 년 동안 월세를 받으며 저축을 해나갔다. 나중에는 목돈이 생기면 월세 이상으로 활용할 수 있다는 확신이 생겨서 이것을 다시 전세로 전환한 목돈으로 효창동 재개발 아파트에 투자했고, 광진구의 다가구주택까지 신축할 수 있게 되었다. 최근 이 아파트는 실거래가 8억 5,400만 원에 거래되었다.

〈청계힐스테이트 투입 비용〉

매입가	자기자본	44,000,000
	이주비 대출	70,000,000
세금	등록세	900,000
	교육세	180,000
주택채권 매입 비용		100,000
증지대		16,000
등기부등본		16,800
법무 비용		219,900
중개수수료		1,000,000
합계		116,432,700
분양계약	분양가	190,696,000
	권리가액	65,345,000
	추가 부담금	125,351,000
세금	취득세	2,668,740
	등록세	1,067,490
	교육세	213,490
총 투입 금액		**245,733,420**

(단위 : 원)

실거주 은평뉴타운 일반 매입

아이 초등학교 입학에 맞춰서 우리는 은평뉴타운으로 이사를 하게 되었다. 남편은 전세를 주던 아파트를 반전세로 돌리고 월세를 받으면 우리가 아파트 단지로 이사할 금액이 부족할 것 같다고 반전세로 돌리는 것에 반대했다. 남편은 자금을 항상 맞춰서 하는 것보다는 여유 있게 준비하는 편이라 빠듯하게 진행되는 게 부담스러웠던 것이다. 나는 시세 조사를 충분히 했고, 신혼 초부터 사람들에게 축하금 등으로 받은 돈을 모은 게 꽤 되어 그 돈을 합하면 충분히 가능하다고 생각되어 남편은 몰랐던 내 비자금을 공개했고, 그 돈을 합해서 우리는 30평대 아파트의 전세로 들어가게 되었다. 금액을 늘 여유 있게 생각해서 두 가지 중에 한 가지만 하라는 남편과 가능한 금액을 꽉 차게 활용하고 싶어하는 나의 차이는 그 이후에도 계속되었다.

이때 큰아이의 친한 친구가 강남으로 이사를 해서 우리도 갈 수 있는지 계산을 해보았는데, 기존 아파트를 팔고 대출을 받으면 가능했다. 하지만, 친정 엄마와 떨어져 살며 아이 둘을 남에게 맡길 생각을 하니, 너무 삶이 팍팍해질 것 같아 평소에 자연 친화적인 환경이 마음에 들었던 은평뉴타운으로 이사를 했다. 그리고 보면 나도 투자적 관점에서 항상 최고의 선택을 한 것은 아니었다.

아파트 단지로 이사하니 여러 가지로 너무 편리한 점이 많았다. 아이들은 따로 어디를 가지 않아도 아파트 앞 놀이터를 이용해서 넓은 곳에서 뛰어놀 수 있었고, 도서관도 여기저기 많아서 다양한 책들을 마음껏 볼 수 있었다. 특히 야간에 문을 여는 어린이도서관이 있어서 저녁을 먹고 아이들과 도서관 가는 일이 너무 좋았다. 결혼 후 시어머니 아파트를 빼고는 주택가에만 살았던 나에게는 매우 편리하고 쾌적한 환경이었다. 그 흔한 PC방이나 노래방도 없는 은평뉴타운의 환경은 아이들을 키우기에 너무 만족스러웠다(지금은 롯데몰도 들어오고, 많이 발달해서 역 주변에 노래방과 PC방이 생겼다).

셋째 아이가 태어난 후 전세 만기가 돌아왔다. 나는 이곳이 실거주 지역으로 매우 마음에 들어서 집값이 떨어질 것이라는 의견이 지배적인 상황이었지만, 실거주용으로 매입하기로 결정했다. 내가 매입한 집은 전세를 살던 집보다 평수가 작았지만, 방 3개가 모두 침대와 책상, 붙박이장이 들어갈 정도로 크기가 어느 정도 되었고, 화장실도 2개이니 우리 다섯 식구가 살기에는 좋을 것 같았다. 그리고 작은 드레스룸도 있었고, 2층이라 아이들이 마음놓고 뛸 수도 있었다. 사실 전세를 살 때는 집은 넓어도 아래층 집에서 층간소음에 대한 이야기를 해서 아이들에게 뛰지 말라는 소리를 하지 않아도 되는 2층 위주로 집을 구하겠다고 생각했다. 필로티 2층이라 실제 3층 높이여서 답답함도 없었고, 가격도 저렴했다. 초등학교와 중학교도 바로 앞에 있어서 아이들의 동선이 예상되어 복직한다 해도 안심하고 다닐 수 있을 것 같았다. 초등학교 엄마들은 역 주변에서 만나는 게 아니라, 주로 초등학교 근처에서 만나기 때문에 이쪽이 생활의 중심이었다. 비교적 큰 대형슈퍼도 바로 앞에 있어서 아이들과 살기에는 편리하고 장점이 많았다.

이 집의 주인은 외국에 살고 있었고, 고령의 할머니가 전세로 살고 있었다. 할머니의 아들 분은 근처에 살고 계셨고, 할머니께서는 워낙 고령이신데 혼자 계시다 보니 아들은 본인이 없을 때는 집을 볼 수 없게 해서 오랫동안 매도가 잘 되지 않았다. 외국에 사는 주인은 영주권 문제로 이 집을 빨리 처분하고 싶어했다. 부동산 시장도 분위기가 좋지 않아서 저렴하게 나온 집이었고, 나는 매입하고 싶은 마음이 확실히 있었기 때문에 가격을 조정해주면 바로 현금으로 가계약금을 보내주겠다고 했다. 참고로 이 방법은 가격 흥정을 하는 것이 아니라, 실제 계약을 하겠다는 의지가 있을 때 사용하는 것이 좋다. 정확하게 판단이 서지 않았을 때 중개업소에 가격 조정을 이야기하면 중개업소도 매도자에게 가격을 낮춰서 매도한다고 인식될까봐 실제로는 조정이 잘 되지 않기 때문이다.

우리는 2014년 10월에 계약하고, 2015년 2월 잔금을 내기로 해, 잔금 기간을 좀 길게 잡았다. 그때는 오히려 재테크에 밝은 사람들이 집값이 떨어진다고 해서 집을 매도해서 현금화하는 경우가 많았다. 그리고 대부분의 사람들이 집을 사지 않고, 전세로 사는 것이 현명하다는 분위기였다. 우리 딸 친구 엄마 중에서도 그때 집을 팔고 이곳에서 장기전세를 살고 있는 사람이 있다.

하지만 나는 여러 가지로 검토를 해보았는데, 이 정도 금액으로 서울에서 실거주를 할 수 있다면 금액적으로 부담이 적고, 과하지 않다고 생각했다. 종로3가까지 지하철로 24분 거리에 쾌적한 환경에서 살 수 있다면 실거주뿐만 아니라, 투자 가치도 있다고 생각해 전세를 끼고 지하철역 가까이에 있는 동으로 하나 더 매입하자고 남편에게 이야기를 했었다. 부동산에 대한 지식은 많이 없었지만, 부동산이 인플레이션을 헤지해주며 나에게 주었던 이익을 몸소 느끼고 있었던 것이다.

지금 강북의 대장아파트가 된 경희궁자이도 교남뉴타운으로 재개발한다고 했을 때 역세권은 아니지만, 위치 자체가 광화문과 가까워서 입지적 장점이 충분히 있다고 나는 생각했다. 남편은 이미 금액이 충분히 올라 재개발이 되어도 이득이 별로 없다며 반대하는 입장을 보였다. 시장도 안 좋고 미래의 일은 아무도 알 수 없으니, 아내의 감만 믿고 투자하기에는 리스크가 크다고 생각할 수도 있었을 것 같다. 부동산 경기 침체로 집을 사라고 주택의 70%까지 주택담보대출을 해주던 시기였으니, 이렇게 서로 아파트를 사려고 하는 시기와는 아주 달랐다. 하지만, 나는 입지가 좋은 서울역 센트럴자이나 왕십리자이 등은 충분히 투자해볼 가치가 있다고 생각했다.

그리고 LG전자의 마곡 이전계획을 보고 남편에게 여러 번 이야기를 해보았지만, 이미 분양가 자체가 높아서 일반 기업에 다니는 직원들이 그 정도 금액으로 어떻게 전세를 살겠냐며 반대했다. 남편은 보통의 사람들처럼 신문이나 뉴스에 나오는 이야기를 하며 집값은 떨어질 것이라고, 주식이나 채권 등 다른 것에 관심을 가져보라고 해서 추가적으로 더 투자하지는 못했다.

나는 이 은평뉴타운 아파트 25평형을 3억 4,000만 원에 매입했다. 사실 3억 4,000만 원이면 그 당시에 30평대 전세금 정도였기 때문에 내가 이사 걱정 없이 편하게 살 수 있는 집을 마련하는 데는 이 정도 금액이면 과하지 않다고 생각했다. 설령 집값이 떨어져도 내가 마음 편하게 살았기 때문에 그 정도 가치는 충분하다고 생각했다. 현재 이 집의 호가는 6억 8,000만 원 정도로 세전 3억 4,000만 원 정도의 시세 차익이 발생했다.

좋은 입지에 투자하기,
용산 재개발 투자

내 집 마련이 주는 안정감은 생각보다 컸다. 사람이 가장 불안함을 느끼는 것은 어떤 불확실성인데, 그런 불확실성이 없어지며 거주 문제에는 크게 신경 쓰지 않아도 되어 마음이 편했다. 그러면서 집을 살 때 받은 약간의 대출금을 갚아나가기 시작했는데, 과연 이렇게 하는 게 맞을까라는 의문이 생겼다. 무리한 대출이 아니라, 원리금과 이자를 충분히 갚을 수 있다면 그것을 먼저 갚는 게 나을지, 현금을 모아 다른 투자를 해야 할지 고민되었다.

일단 그냥 현금을 모으는 건 더 이상 의미가 없다고 느껴졌다. 금리가 워낙 낮아서 현금만 모으다 보면 그 가치는 점점 낮아져가고 있었기 때문이다. 그리고 휴직기간 여러 책들을 읽다 보니 모든 사람들이 다 평생 일하고 월급을 받으며 근로소득으로 살아가는 것은 아니고, 먹고사는 문제를 해결하고 좀 더 가치 있는 것을 추구하며 사는 사람들이 존재한다는 것을 알게 되었다. 나도 그 사람들처럼 내가 가진 것을 활용해서 그런 시스템을 만들 수 있었으면 좋겠다는 생각이 들어 생애 처음으로 부동산 강의를 듣게 되었다. 가끔 경매로 직장보다 더 많이 벌고 있는 사람들의 책을 보며 정말 대단하고 부럽다는 생각이 들기도 했다. 하지만 이때까지만 해도 경매나 부동산으로 돈을 버는 것은 나에게는 맞지 않는 남의 성공스토리라고만 생각했다.

너무 부담을 가지면 강의를 듣기 어려울 것 같아서 주말 아침 아는 사람과 차 한잔 마신다는 편안한 마음으로 부동산 경매 강의를 신청했다. 이 강의는 사실 처음 듣는 사람은 신청하기 어려운 강의였는데, 내가 공휴일이 유독 많았던 연휴 때 등록해서 자리가 일시적으로 난 것이었다. 정확한 규정이 있는 것은 아니었지만, 대부분 기초부터 1년 정도 들어야 들을 수 있는 수업이었는데, 나는 그 시스템을 잘 모르고 그냥 실전 투자반에 신청했다.

수업에서는 추천 물건을 알려주고, 그 지역의 호재 등을 설명해주었다. 사실 실질적으로 경매를 하는 분들은 많지 않았고, 부동산 분위기를 알려고 오는 사람이 대부분인 것 같았다. 수업 후 한 분이 주축이 되어 임장을 가는데, 그 강의를 오래 들으신 분과 우연히 이야기를 하게 되어 나도 거기에 따라갈 수 있게 되었다. 한 달 안에 용산, 영등포, 청량리 등 변화가 많은 곳을 다섯 군데 정도 방문했다. 특정 물건을 보는 건 아니었고, 분위기를 느껴보는 정도였지만, 기존에 알고 있던 지역들의 현재를 현장감 있게 느낄 수 있었다. 하지만 이 강의는 그렇게 한 번 듣고, 재신청을 하지는 않았다. 여러 현장에 임장을 가며 전반적인 시야를 넓혀가는 것은 좋았지만, 토요일 하루를 그렇게 보내고 나니 일상의 여유가 너무 없어져서 고민되었고, 시간을 지체하다 보니 마감되어 수강신청도 하지 못했다.

또 그런 부동산 모임에서는 작은 물건을 여러 개 해서 단기로 투자하는 분들도 많은데, 나는 그런 투자를 선호하지 않아서 나와는 방향성이 좀 다르다는 생각이 들었다. 대부분 투자 모임은 함께 다니며 지방의 아파트나 수도권의 재개발 매물을 몇 채씩 구입하기도 한다. 그때 그 모임에서 친하게 지냈던 몇 분과 대전에 가기로 했었고, 만약 대전의 아파트도 구입했다면 적은 투자로 큰 금액의 시세 차익을 얻었을 것이다. 하지만 내가 정확하게 모르고 하는 투자는 맞아서 수익을 낼 수도 있지만, 아닐 수도 있다. 나는 사놓고 오르기만을 바라는 투자보다는 수익이 생길 수밖에 없는 투자를 하고 싶다. 그때 대전도 오를 수밖에 없는 몇 가지 이유를 가지고 있었지만, 경험해보지 않은 지역이라 확신이 서지 않았고, 그러다 보니 남편을 설득하기도 역시 어려웠다.

은평뉴타운 실거주 주택을 매입하면서 자가주택 거주에 대한 안정감도 생겼고, 숭인동 아파트에서 월세를 받는 장점을 경험하면서 수익형 부동산에 대한 관심은 더 커졌다. 남편과 나는 둘 다 직장을 다니고 있었기 때문에 단순한 월세 수익에 중점을 두기보다는 월세 수익과 시세 차익을 동시에 얻을 수 있는 다가구주택에 관심을 갖게 되었다. 내가 가지고 있는 아파트는 수익형 부동산으로 활용하기에는 부적절했다. 아파트는 시세 차익은 크지만, 투입되는 비용에 비해서는 월세로 받을 수 있는 금액이 매우 적은 편이기 때문이다. 수익형 부동산이라는 것은 대출을 활용해서 수익을 극대화할 수 있는 지식산업센터나 다가구주택 등이 적당하다고 생각했다. 그래서 나는 남편에게 월세를 전세로 바꾸고, 다가구를 매입하자고 제안했지만, 남편은 아파트 투자보다 다가구 투자를 더욱 꺼려했고, 부동산을 늘리는 것 자체를 부담스러워했다. 남편은 임차인의 전세금은 돌려줘야 하는 돈이니 그 돈으로 다른 투자를 한다는 것에 대해 부정적이었고, 우리는 투자의 기본인 레버리지를 제대로 활용하지 못했다. 대출은 갚아야 하고, 적을수록 좋다고 생각한 것이다.

하지만 나는 자본주의 사회에서 현명한 레버리지는 꼭 필요하다고 생각한다. 고액연봉자나 사업가가 아닌 일반 직장인의 경우, 직장에서 주는 월급은 크고 작음의 차이는 있지만 생활이 가능한 정도의 금액만 주기 때문에 그 돈만을 모아서 경제적 자유를 이루는 것은 쉽지 않다고 생각한다. 물론 초기에 종잣돈을 모으는 시기에는 아껴서 모으는 과정이 꼭 필요하지만, 지금처럼 저금리 시대에 아끼고, 저금만 해서는 팍팍한 현실을 벗어나는 것이 더욱 어려운 일이라는 생각이 든다.

나는 남편을 설득해서 같이 다가구주택 물건을 보러 다니기도 했는데, 그때는 나도 남편도 다가구주택에 대한 정확한 이해가 없었기 때문에 어떤 물건이 좋은 물건인지 파악하기 어려웠다. 수익률이 나오는 것은 추후 신축이 불가능하거나, 어려운 조건이었고, 신축이 가능한 곳은 그냥 단독주택 형태로 바로 신축하지 않으면 레버리지를 거의 이용할 수 없었다. 그렇게 계속 시간을 보내다가는 아무것도 할 수 없겠다는 생각에 그러면 어느 정도 확정수익이 가능하고 이미 경험이 있는 서울 아파트 재개발 투자에 다시 관심을 갖게 되었다.

서울 아파트 재개발은 앞에서도 설명했듯이 단계적으로 가격이 오른다. 투자금이 많이 묶이는 단점이 있지만, 좋은 지역을 선정해서 그 지역의 신축 아파트를 가질 수 있게 된다는 장점이 있다. 요즘 신축 아파트는 정말 인기가 좋다. 그래서 서울 지역 위주로 재개발 물건을 알아보고, 인천 지역도 한 군데 임장을 다녀보았다. 그렇게 임장을 다녀오면 중개업소에 나온 매물을 위주로 다음과 같이 정리했다.

〈서울 지역 아파트 재개발 투입 금액 비교〉

	매매가	감정가	프리미엄	이주비 대출
힐스테이트 녹번역	312,206,200	112,206,200	200,000,000	47,200,000
호반써밋목동	550,000,000	185,342,270	364,657,730	110,000,000
효창6구역	460,000,000	163,750,000	296,250,000	98,250,000

	초기투자 비용	분양가	추가납입 비용	총 비용
힐스테이트 녹번역	265,006,200	364,000,000	251,793,800	564,000,000
호반써밋목동	440,000,000	585,900,000	400,557,730	950,557,730
효창6구역	361,750,000	500,000,000	336,250,000	796,250,000

※ 2018년 6월(단위 : 원)

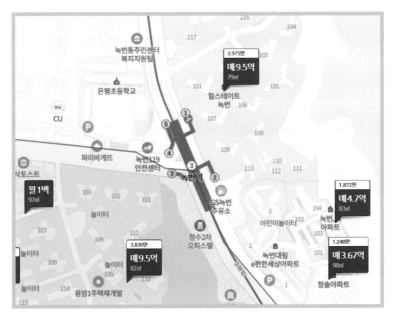

출처 : 네이버부동산

그리고 총 비용과 현재 그 지역 신축의 시세를 조사해보면서 어떤 지역에 투자하는 것이 가장 좋을지 다시 고민해보았다. 향후 발전계획이 있다면 그것을 별도로 염두에 두어야 하고, 중도금 이자 부담이나 중도금 부담 조건은 각 조합마다 다르므로 좀 더 세부적인 조건들을 확인해야 한다. 예를 들어, 은평구 갈현1구역 같은 경우에는 중도금 100% 대출이 가능하다. 그러면 중간에 들어가는 금액에 대한 부담이 훨씬 적어진다. 녹번현대건설이라고 되어 있는 것은 지금의 힐스테이트 녹번역인데 현재 25평은 9억 5,000만 원에 호가가 나와 있다. 총 투입 비용 5억 6,400만 원으로 투자했다면 3억 8,000만 원 정도의 시세 차익이 발생했을 것이고, 이자나 세금 등을 계산해서 제외하면 나머지 금액이 수익이 될 것이다.

〈서울 지역 아파트 투입 비용 대비 수익〉

	총 비용	현재 호가	차액
힐스테이트 녹번역	564,000,000	950,000,000	386,000,000
호반써밋목동	950,557,730	1,200,000,000	249,442,270
효창6구역	796,250,000	1,050,000,000	253,750,000

※ 2020년 7월, 세금·이자 미포함(단위 : 원)

호반써밋목동은 거래 제한 물건으로 현재 거래가가 없어 바로 위의 래미안목동아델리체보다 1억 원 낮게 산정했다. 이렇게 서울 지역의 재개발 지역을 다니며 조사해보았지만, 각각의 호재로 그에 맞게 프리미엄이 형성되어 있어 판단이 잘 서지 않았다.

재개발 진행과정의 각 단계에 맞게 2억 원에서 3억 5,000만 원 정도는 프리미엄이 붙어 있었다. 용산에도 재개발 지역이 있다고 들었는데 역세권은 아니고 세대수가 적어 사람들이 크게 관심을 두지 않았던 그 지역을 다시 찾아보았다. 역 근처는 아니지만, 효창공원 바로 앞이고, 초등학교와 중학교가 아파트 가까이에 있었다. 맞벌이 부부의 경우 역이 가까운 것보다는 아이의 학교가 가까운 것이 실거주 측면에서는 훨씬 유용하니 역세권이 아니어도 괜찮을 것 같았다. 어차피 서울 지역 재개발에 투자하려면 3억 원 이상의 금액이 투입되어야 하는데, 그럴 거면 앞으로 각종 호재가 가장 많은 용산에 투자하는 게 좋을 것 같았다. 일단 일자리가 주변에 많고, 서울의 중심이니 입지가 정말 좋다고 생각했다. 용산은 남편이 어렸을 적 살던 지역이라 나름 애착을 가지고 있는 곳이어서 약간의 관심을 가져줬지만, 남편은 아파트를 또 구입하고 싶어하지는 않았다.

2018년 여름, 부동산 가격이 무섭게 상승하고 있었다. 여름휴가 내내 운전석 옆에 앉아 남편을 설득했고, 남편은 마지못해 부동산 중개업소에 함께 갔다. 휴가 전보다 5,000만 원이 올라 그만큼을 더 주고 사야 하는 상황이었다. 하지만 나는 용산의 향후 호재를 생각하면 이 정도는 감수할 수 있다고 생각하고 투자 의지를 굽히지 않았다. 중개업소에서는 주인이 고민 중이라 통화 후 다시 연락을 주겠다고 했다.

그날은 2018년 8월 15일 광복절이었는데, 문재인 대통령이 73주년 광복절 경축사에서 용산을 언급하며 센트럴파크와 같은 자연생태공원으로 조성할 예정이며, 그 생각을 하면 가슴이 뛴다고 말했다. 그래서인지 중개업소에도 매물 문의전화가 20통도 넘게 왔다고 한다. 우리는 중개업소에서 나와 여의도 공원으로 나들이를 갔는데, 남편은 혼자 초초해하는 모습을 보였다. 나중에 남편의 이야기를 들어보니, 중개업소에서 주인을 설득해서 4시쯤 전화가 왔는데 본인은 사고 싶지 않아 전화가 온 것을 말하지 않았다는 것이다. 나한테 이야기를 안 해주면 나중에 알게 되었을 때 서운해 할 것 같고, 본인은 또 투자하고 싶지 않으니 혼자 갈팡질팡했던 것이다. 결국 6시쯤 나에게 이야기를 해주었고, 나는 같이 잘살려고 하는 투자인데 남편이 반대하는 일은 하고 싶지 않아서 그 정도로 하기 싫으면 하지 말자고 했지만, 남편은 중개업소에 가계약금을 보내주었다.

결국은 반강제적이기는 했지만, 남편도 동의해서 우리는 효창동 재개발 지역 주택을 구입했다. 종로의 아파트를 월세에서 전세로 전환하면서 생기는 목돈으로 이 재개발 지역 주택을 구입하려고 한 건데, 월세 세입자들이 나가기 전이라 여러 대출을 받아야 하는 복잡한 상황이 되었다. 그런데 앞서 평촌의 아파트를 저렴하게 매수했던 지인이 그 이야기를 듣고 본인의 적금통장과 각종 펀드를 다 해지해서 거액의 돈을 선뜻 마련해주셔서 복잡한 상황이 없이 잔금을 치를 수 있었다. 지금도 참 고맙게 생각하고 있어서, 그분 일에는 도움이 되려고 우선적으로 노력하고 있다.

그렇게 계약하자마자, 9.13대책을 시작으로 각종 대책들이 쏟아져 나왔고 아슬아슬하게 그 전에 계약해서 일을 순조롭게 해결할 수 있었다. 내가 투자한 효창6구역은 사업이 빠른 속도로 진행되고 있는 편이다. 현재 일반분양이 끝났고, 2022년 2월 입주를 앞두고 있다.

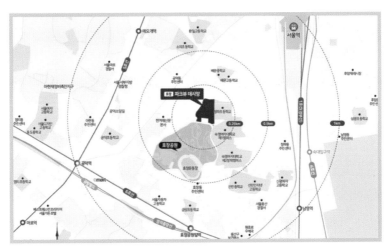

일반적으로 아파트의 수요층은 대부분 결혼한 부부들이다. 요즘은 부부 모두 일을 하는 경우가 많기 때문에 직장 근처 또는 교통이 좋은 곳을 선호하고, 아이들이 있기 때문에 학교도 교통 못지않게 중요한 요소가 된다. 효창6구역 단지 바로 옆에 청파초등학교가 자리하고 있어 어린아이들이 집에서 가깝게 등교할 수 있고, 또한 선린중·고, 배문중·고, 신광여중·고, 성심여중·고, 숙명여대 등이 가까워 교육환경이 강점으로 꼽힌다.

또 하나의 장점은 바로 교통 여건이다. 앞서 그림을 보면 효창 6구역을 중심으로 6개의 지하철역과 7개의 노선이 있다. 1·4·공항철도·경의중앙선·KTX서울역, 1호선 남영역, 4호선 숙대입구역, 5·6호선·경의중앙·공항철도 공덕역, 5호선 애오개역, 6호선 경의중앙선 효창공원앞역 등 대중교통을 통한 접근성도 우수하고, 서울역을 통해 지방으로 이동도 수월하다.

내가 여기서 놀랐던 점은 이렇게 큰 건을 계약했는데, 다시 투자할 수 있는 금액이 남았다는 것이다. 예전에는 대출이 거의 없는 상태로 돈을 모아 투자하고, 실거주 주택을 구입하다 보니 3~4년 이상은 돈을 모아야 다시 무언가 해볼 수 있는 기회가 생겼는데, 안정적으로 이자를 상환할 수 있는 대출을 남겨두니 재개발 투자를 하기 전과 비슷하게 다시 투자금이 생겼다. 월세 전환했던 임차인의 전세를 다시 맞추고, 지인의 돈을 정리하니 다시 첫 아파트의 전세금 정도를 다시 투자로 활용할 수 있었던 것이다. 그리고 그전에는 마이너스통장이나 보험대출금을 투자금으로 생각하지 않았지만, 이자만 확실히 납입할 수 있는 대출은 투자로 활용 가능한 금액으로 산정했기 때문이기도 하다.

내가 효창6구역에 투자한 금액의 내역은 다음과 같다.

〈효창6구역 투자 비용〉

취득 비용	367,400,000
취득세 및 법무사 수수료 등	6,250,200
중개수수료	2,000,000
소계	**375,650,200**
조합원 분양가	515,190,000
감정가	163,836,686
분담금	351,353,314
이주비 대출	98,100,000
소계	**449,453,314**
2022년까지 총 소요 비용	825,103,514

(단위 : 원)

현재 저층 물건이 다음과 같이 매물로 나와 있다. 이 매물은 역세권이라 차이가 있겠지만, 현재 비슷한 지역의 시세 또한 다음과 같다.

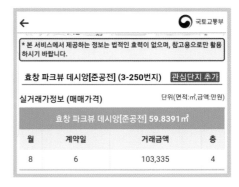

출처 : 국토교통부 실거래가

출처 : 네이버부동산

지금은 여러 대책들로 시장이 과열되고 있지만, 나는 입지 좋은 서울 아파트는 어느 정도 안전한 자산이라고 생각한다. 일시적으로 조정을 받거나, 침체기가 있기도 했지만, 큰 흐름으로 봤을 때에는 계단식으로 우상향하고 있기 때문이다. 부동산도 다른 재화와 마찬가지로 수요·공급의 법칙을 따른다. 서울에는 우수한 일자리가 많고, 생활 인프라가 좋기 때문에 수요는 많지만, 그에 비해 공급이 따라주지 못한다. 땅은 한정적이기 때문에 다른 재화처럼 무작정 공급을 늘릴 수도 없다. 그렇기 때문에 입지 좋은 서울 부동산의 가격은 수도권이나 지방과는 달리 탄탄한 대기 수요들로 어느 정도 유지되고 있다고 생각한다.

아파트 투자는 이렇게 했지만, 수익형 부동산에 대한 아쉬움이 늘 남아 있었다. 신혼 초부터 이때까지는 아끼고 모으고, 대출을 갚으며 주택을 구입했다면, 이제는 안정적으로 이자를 갚아나갈 수 있는 대출을 활용해서 투자할 수 있는 방향들을 고민하게 되었다. 무언가를 더 아끼고 절약해서 더 모으려는 것이 아니라, 이미 어느 정도 형성된 자산을 어떻게 잘 활용하는 것도 매우 중요한 문제라는 생각이 들었다.

아파트 투자는 자산 증식은 되지만, 아파트를 사기 위해 돈을 모아야 하고, 전세를 놓고 그것을 월세로 전환하려고 해도 많은 금액의 보증금을 다시 모아서 내주어야 한다. 그렇게 어렵게 월세를 늘려 다시 월세를 저금하니, 마음은 뿌듯했지만 자산에 비해 삶의 질이 엄청 높아지는 것 같지 같았다. 아파트를 팔지 않는 한, 보유하는 동안에는 계속적으로 돈이 나가기만 하는 구조라는 생각이 들었다. 그래서 월 수익과 시세 차익을 동시에 확보할 수 있는 서울에 있는 다가구주택에 다시 관심을 가지게 되었다. 서울의 다가구주택은 보유하는 동안 월세도 많을 수 있고, 지가 상승도 되니 현재 내가 원하는 것을 충족시켜줄 수 있는 부동산이라는 생각이 들었다.

4장
경매 투자

01

경매,
나도 할 수 있을까

아이들과 함께 도서관을 다니면서 문학이나 에세이, 자기계발서도 많이 읽었지만, 여러 책을 읽다 보니 재테크에도 관심이 가서 그와 관련된 책도 많이 읽었다. 그중에서 경매책도 여러 권 읽었는데, 경매책은 대부분 내용이 매우 흥미진진하고 재미있었다. 책 속의 주인공은 열악한 상황에 있고, 경매에 도전해서 수익을 내고, 인생을 역전하는 내용이기 때문에 한 편의 드라마처럼 재미있기도 하고 마치 내 인생 승리처럼 통쾌하기도 하다. 하지만 읽다 보면 나는 불가능할 것 같다는 생각이 든다. 열심히 임장을 다니고, 입찰하는 것들은 어떻게 따라서라도 해보겠지만, 대부분 명도에서 막힌다. 누구를 만나게 될지도 모르고, 어떤 상황이 될지도 모르는 그 불확실함이 사람을 더 겁나게 만드는 것이다.

그래서 최근 몇 년간은 경매책을 읽지 않았는데, 서점에 갔다가 흥미로운 제목의 경매책이 있어 읽어보게 되었다. 그 책은 평범한 직장인이 왜 경매를 시작하게 되었는지와 경매에 임하는 자세에 대한 책이었는데, (이 책의 감수를 해주신) 조장현 저자님의 《부장님 몰~래 하는 직장인 경매의 기술》이라는 책이었다. 직장인이 왜 경매를 해야 하고, 직장을 다니며 어떻게 할 수 있는지 다룬 그 책은 공감 가는 부분과 마음에 와닿는 부분도 많았고, 초보자가 쉽게 경매에 접근할 수 있는 안내서 같은 책이라 경매의 기초를 공부하는 데 참고할 만한 부분도 많았다. 그래서 후에 경매를 실전으로 진행하면서 마음이 불안할 때 차분히 그 책의 마인드 부분을 몇 번 다시 읽기도 했다.

그 책을 읽은 인연으로 저자의 블로그를 보게 되었고, 그분이 시공기술사이시며, 신축 강의를 준비하고 있다는 사실을 알게 되었다. 나는 블로그에 나와 있는 번호로 신축 강의에 대해 문의했다. 아침에 직접 전화를 주셔서 현재는 경매 강의 중이며 부동산 상식이 어느 정도 있으니 나중에 신축 강의를 들으면 될 것 같다고 말씀하셨다. 근데 전화를 끊고 나서 생각하니, 나는 왜 경매를 해보지도 않고 못한다고만 생각했을까 하는 생각이 들었다. 그래서 이 기회에 한번 배워보자는 생각으로 강의를 신청했다. 남편은 경매에 대해 정말 관심이 없었는데, 아내분의 반대로 고생하셨던 저자님이 처음 마인드 부분 강의는 부부 모두에게 필요하다며 배우자는 무료로 강의를 들을 수 있게 해주셔서 남편과 함께 들을 수 있었다.

그렇게 우리는 일요일에 3시간 수업, 왕복 4시간 거리를 오가며 경매수업을 들었다. 아파트 경매, 상가 경매, 지분 경매 등을 배우며 기존에 보이지 않던 물건들이 눈에 보이기 시작했다. 나는 내가 하려는 물건이 아니어도 수업 시간에 가르쳐주신 기준대로 물건을 찾아 질문을 드렸고, 신축에 대한 질문도 하면서 실질적인 내용들을 많이 배울 수 있었다.

첫 주 차에 아파트 경매를 배우면서 아파트를 여러 건 시세 분석해서 괜찮은 것들은 실제 임장을 다녀와 입찰금액을 정해보았다. 그리고 후에 실제 낙찰가와 비교해보면서 낙찰가를 정할 때 어떤 점을 보완해야 하는지 파악해보았다. 내 경우, 실제 투자를 좀 보수적으로 접근해서 실제 시세도 가장 안 좋은 것을 기준으로 잡다 보니, 낙찰가를 너무 낮게 쓰는 경향이 있었다. 시세 파악을 정확히 해서 낙찰가를 산정해야지 너무 보수적으로만 접근하다 보면 계속 패찰해서 좋은 기회들을 놓칠 수 있다.

아파트는 인터넷에 워낙 시세도 잘 나와 있고, 학군이나 지역 설명도 잘 되어 있어 특별히 임장을 안 가보고 입찰하는 경우도 간혹 있지만, 실제 해당 지역에 임장을 가서 현장 분위기를 느끼면 좀 더 확신 있게 낙찰가를 산정할 수 있어서 꼭 가보려고 했다. 그래서 한 주에 10개 정도 물건을 보고 그중에 수익률이 괜찮거나, 입지가 좋은 곳을 3~4군데 정해서 임장을 가보는 일을 반복하며, 수업 시간에 궁금한 점들을 묻기도 했다. 상가는 제대로 공부해본 적이 없었는데, 이 기회에 상권 분석에 대한 책도 읽고 강의를 들으니, 그동안 무심히 보았던 상권이 눈에 들어왔다. 실제 투자를 하지 않아도 강의 때 배운 내용을 바탕으로 물건을 찾아 아파트와 마찬가지로 임장을 다녀왔다.

〈아파트 경매 스터디 자료1〉

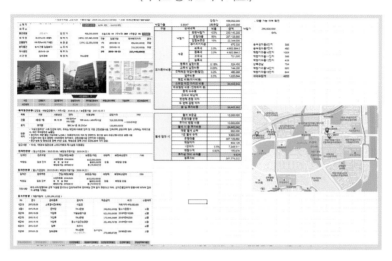

〈아파트 경매 스터디 자료2〉

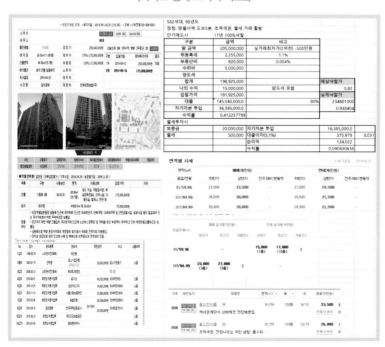

나는 수익형 부동산에 관심을 가지면서 지식산업센터에도 관심이 있었기 때문에 검토해보았다.

〈지식산업센터 스터디 자료〉

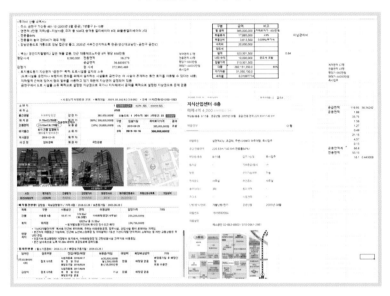

지분 경매는 일반인에게 조금 생소하기는 하지만, 설명을 듣고 해당 물건을 검토해보니 적은 금액으로 활용할 수 있는 좋은 방법이라는 생각이 들었다. 일반 경매도 낙찰을 받고 잔금을 치르고 명도까지 하다 보면 6개월 정도 소요되는데, 지분 경매는 1년 정도까지 소요될 수 있지만, 500만 원 정도의 적은 금액으로 접근할 수 있는 물건들이 많이 있어 자금이 부족한 경우에 소액 투자로 반복해서 경험을 쌓아보면 좋을 것 같다는 생각이 들었다.

지분 경매

공동 소유 관계의 물건에서 특정 1인이 문제가 생겨 전체 지분 중 특정
1인의 일부 지분만 경매로 매각되는 것

지분 경매를 활용하는 방법

- 감정가나 시세보다 싸게 매입해서 감정가나 시세에 근접하는 금액
  으로 다시 나머지 공유권자들에게 되파는 것
- 낙찰을 받은 후 공유물 분할청구의 소를 진행해서 통물건으로 경매
  를 통해 매각하는 방법

〈지분 경매 스터디 자료〉

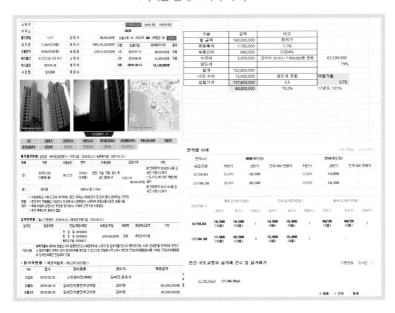

이 지분 경매는 입찰했다면 낙찰을 받았을 텐데 입찰하지 못했다. 강의를 들을 때 조장현 저자님에게 의견을 여쭤봤는데 자신도 이 물건에 임장을 다녀왔는데 아파트 위치가 안쪽에 있어서 매도 시 시간이 오래 걸릴 수도 있다고 조언해주셨기 때문이다. 그리고 나는 무엇보다 단독주택을 신축하고 싶은 마음이 컸고, 신축에 소요될 금액을 마련하기 위해 투자 금액을 분산하기보다는 일단 신축을 하고 나머지를 시도해봐야겠다는 마음이 커서 실제로 소액 투자는 하지 않았다.

02

권리분석,
10분 만에 끝내기

내가 낙찰받았던 물건을 처음 본 것은 2019년 8월쯤이었다. 조장현 저자님이 블로그에 해당 물건을 올린 내용을 보게 되었고 그 물건이 매우 마음에 들었지만, 다음 날이 입찰일이라 입찰해볼 수는 없었다. 8월 초라 여름휴가 여행이 예정되어 있었고, 물건 검토도 해보지 않은 상황이었기 때문이다. 그 주택은 유찰되었다가, 변경되었다가 다시 10월쯤 나오게 되었다. 서울의 작은 땅이라 사람들의 관심이 높아서 물건 조회수가 매우 높았다.

일단 경매에 접근하려면 권리분석과 물건 검토를 해야 하고, 신축을 계획하고 있다면 신축을 짓기에 적합한지도 파악해야 했다.

권리분석에서 중요한 2가지

- 말소기준권리: (근)저당권, (가)압류, 담보가등기, 경매기입등기, 경매
    신청한 전세권
- 소멸하지 않고 인수되는 권리 : 배당을 요구하지 않은 선순위 전세
    권, 건물 철거 및 토지 인도청구 가
    처분, 유치권, 법정지상권

권리분석에서 가장 중요한 것은 말소기준권리와 말소가 되지 않는 권리를 구분하는 것이다. 이 사항이 중요한 이유는 낙찰을 받았는데 추가로 돈을 더 물어주어야 하는 경우와 소유권을 가져오지 못하는 경우가 있기 때문에 그런 경우가 아닌지 확인해봐야 한다.

말소기준권리보다 늦게 전입한 임차인을 후순위 임차인이라고 한다. 여기서 유심히 보아야 할 것은 말소기준권리보다 먼저 전입한 선순위 임차인이다. 선순위 임차인도 '전입신고+확정일자+배당신청+점유'를 모두 한 임차인과 '전입신고+점유'는 했으나, '확정일자+배당신청' 중 하나 또는 전부를 하지 않은 임차인으로 나뉘는데, 돈을 물어주어야 하는 경우는 '전입신고+점유'는 했으나, '확정일자+배당신청' 중 하나 또는 전부를 하지 않은 임차인이다. 이 중에서 '전입신고+점유'가 소멸기준권리보다 빠르면 그 임차인은 대항력을 가지게 된다. 대항력이란 돈을 다 받기 전에는 이사를 나가지 않아도 되는 권리이기 때문에 대항력을 가진 경우와 소멸하지 않고 인수되는 권리는 초보자가 접근하기에는 어렵다.

임차인	점유부분	전입/확정/배당	보증금/차임	대항력	배당예상금액	기타
A	주거용 전부	전입일 : 2016. 05. 23 확정일 : 미상 배당 요구일 : 없음.	보 10,000,000원 월 300,000원	있음.	예상배당표참조	
B	주거용 101호	전입일 : 2017. 09. 15 확정일 : 2017. 12. 01 배당 요구일 : 2018. 11. 13	보 25,000,000원 월 300,000원	없음.	소액임차인	
C	주거용 102호	전입일 : 2016. 05. 23 확정일 : 2018. 10. 22 배당 요구일 : 2018. 10. 22	보 10,000,000원 월 300,000원	있음.	소액임차인	[모 전입일], 전:2019.05.16

내가 신축을 짓기 위해 접근한 주택은 A, B 2명의 임차인이 있었다. B는 말소기준권리보다 늦게 전입신고를 하고, 확정일자를 받았지만 소액임차인 최우선변제로 먼저 배당을 받는다. 주택임대차보호법에서 담보물건 설정일이 2016년 3월 31일 이후인 경우에는 소액보증금 1억 이하인 경우에 3,400만 원까지 최우선변제를 받을 수 있게 해주기 때문이다. 다음은 소액임차인이 받을 수 있는 최우선변제 금액의 자료이고, 주거와 상가는 조금 다르기 때문에 둘 다 첨부했다.

<소액임차인 최우선변제 금액>

개정 일시	최우선변제를 받을 임차인의 범위	최우선변제를 받을 금액
1984. 6. 14 제정	• 서울특별시, 직할시 : 300만 원 이하 • 기타 지역 : 200만 원 이하	• 서울특별시, 직할시 : 300만 원 이하 • 기타 지역 : 200만 원 이하
1987. 12. 1 1차 개정	• 서울특별시, 직할시 : 500만 원 이하 • 기타 지역 : 400만 원 이하	• 서울특별시, 직할시 : 500만 원 이하 • 기타 지역 : 400만 원 이하
1990. 2. 19 2차 개정	• 서울특별시, 직할시 : 2,000만 원 이하 • 기타 지역 : 1,500만 원 이하	• 서울특별시, 직할시 : 700만 원 이하 • 기타 지역 : 500만 원 이하
1995. 10. 19 3차 개정	• 서울특별시, 광역시 : 3,000만 원 이하 • 기타 지역 : 2,000만 원 이하	• 특별시, 광역시 : 1,200만 원 이하 • 기타 지역 : 800만 원 이하
2001. 9. 15 4차 개정	• 수도권 과밀억제권역 : 4,000만 원 이하 • 광역시 : 3,500만 원 이하 • 그 밖의 지역 : 3,000만 원 이하	• 수도권 과밀억제권역 : 1,600만 원 이하 • 광역시 : 1,400만 원 이하 • 그 밖의 지역 : 1,200만 원 이하
2008. 8. 21 5차 개정	• 수도권 과밀억제권역 : 6,000만 원 이하 • 광역시 : 5,000만 원 이하 • 그 밖의 지역 : 4,000만 원 이하	• 수도권 과밀억제권역 : 2,000만 원 이하 • 광역시 : 1,700만 원 이하 • 그 밖의 지역 : 1,400만 원 이하
2010. 7. 21 6차 개정	• 서울특별시 : 7,500만 원 이하 • 수도권 과밀억제권역 : 6,500만 원 이하 • 광역시 및 안산시, 용인시, 김포시, 광주시 : 5,500만 원 이하 • 그 밖의 지역 : 4,000만 원 이하	• 서울특별시 : 2,500만 원 이하 • 수도권 과밀억제권역 : 2,200만 원 이하 • 광역시 및 안산시, 용인시, 김포시, 광주시 : 1,900만 원 이하 • 그 밖의 지역 : 1,400만 원 이하
2013. 12. 30 7차 개정	• 서울특별시 : 9,500만 원 이하 • 수도권 과밀억제권역 : 8,000만 원 이하 • 광역시 및 안산시, 용인시, 김포시, 광주시 : 6,000만 원 이하 • 그 밖의 지역 : 4,500만원 이하	• 서울특별시 : 3,200만 원 이하 • 수도권 과밀억제권역 : 2,700만 원 이하 • 광역시 및 안산시, 용인시, 김포시, 광주시 : 2,000만 원 이하 • 그 밖의 지역 : 1,500만 원 이하
2016. 3. 31 8차 개정 (현행)	• 서울특별시 : 1억 원 이하 • 수도권 과밀억제권역 : 8,000만 원 이하 • 광역시 및 안산시, 용인시, 김포시, 광주시, 세종시 : 6,000만 원 이하 • 그 밖의 지역 : 5,000만 원 이하	• 서울특별시 : 3,400만 원 이하 • 수도권 과밀억제권역 : 2,700만 원 이하 • 광역시 및 안산시, 용인시, 김포시, 광주시, 세종시 : 2,000만 원 이하 • 그 밖의 지역 : 1,700만 원 이하
2018. 9차 개정(안)	• 서울특별시 : 1억 1,000만 원 이하, • 수도권 과밀억제권역 및 용인시, 세종시, 화성시 : 1억 이하 • 광역시 및 안산시, 김포시, 광주시, 파주시 : 6,000만 원 이하 • 그 밖의 지역 : 5,000만 원 이하	• 서울특별시 : 3,700만 원 이하 • 수도권 과밀억제권역 및 용인시, 세종시, 화성시 : 3,400만 원 이하 • 광역시 및 안산시, 김포시, 광주시, 파주시 : 2,000만 원 이하 • 그 밖의 지역 : 1,700만 원 이하

출처: 법무부

A의 경우가 좀 복잡했는데, A는 90세가 넘은 어르신이었고, 딸인 C가 계약자였다. 하지만 계약자는 실제 점유를 하지 않았고, 말소기준권리보다 늦게 전입신고했다. 경매 유료사이트에는 배당금을 받는 것으로 나와 있었지만, 계약자와 실제 점유자가 다르고 계약자는 말소기준권리보다 늦게 전입신고를 했기 때문에 배상을 받지 못하면 보증금을 인수할 가능성이 있었다. 이런 경우 보증금 인수에 대한 1,000만 원 정도의 추가 비용이 발생할 수도 있다는 것을 감안해야 한다. 명도 부분에서 다시 이야기하겠지만, A처럼 임차인이 배당금을 받는 경우에는 명도도 쉬워진다.

03

낙찰가 정하기

일반적인 물건일 경우에는 해당 물건지의 실제 매매 시세와 임대 시세, 교통여건 등의 입지, 가능하다면 물건의 상태 등만 확인하면 되지만, 내 경우처럼 단독주택을 낙찰받아 신축하려고 한다면 일반적인 경우보다 훨씬 챙겨야 할 것이 많다. 신축 부지 선정을 위해 일반 매매 시에 거쳐야 할 과정을 다 검토해야 하기 때문이다.

신축 주택 검토 시 해당 토지에 계획할 수 있는 건물 면적, 층수, 높이, 진출입 동선, 수직 동선(계단, 엘리베이터 등), 임대를 놓기 위한 방의 배치, 방의 개수 등을 파악하기 위해 가설계를 받아야 한다. 방의 개수가 나와야 그 주변의 임대가를 조사해서 그 건물의 수익률을 산정할 수 있고, 그 내용을 토대로 사업의 여부를 결정할 수 있기 때문이다.

가설계는 해당 물건 주변 설계사무소에서 받아볼 수 있고, 이를 통해 방 개수를 파악해서 수익성을 검토해야 한다. 그래서 건축주도 어느 정도 건물의 구성에 대한 이해가 필요하다. 어떤 설계사무소의 경우 주차대수 확보를 위해 한 개 층에 한 가구씩 설계하고, 후공사로 방을 나누는 것을 간단하게 이야기하는 곳도 있다. 이것은 위법이기 때문에 이렇게 해서 수익률이 좋다고 생각해서 낙찰받았다가 나중에 위법인 것을 알고, 그렇게 진행하지 않을 경우에는 수익률이 낮아지기 때문에 사업을 진행할 수 없는 경우도 생길 수 있다. 단순히 본인이 거주하는 단독주택을 낙찰받을 때에는 수익률보다는 거주의 편리성을 우선순위에 두면 되겠지만, 나는 임대를 놓을 수익형 부동산을 지으려고 했기 때문에 그 위주로 설명하려고 한다.

주변 임대가는 해당 크기의 방 임대가도 알아봐야 하지만, 그 동네의 신축 건물이 팔리는 수익률을 파악해서 내가 지으려고 하는 건물의 수익률이 그 동네에서 팔리는 수익률 정도가 나오지는 확인해봐야 한다. 신축 건물의 가격은 수익률로 결정되기 때문이다. 수익률은 해당 지역마다 좀 차이가 있으니, 반드시 본인이 지으려는 건물의 인근 시세를 알아봐야 한다.

04

첫 입찰에 낙찰!
광진구 단독주택

주변 임대가와 예상 공사비로 수익률을 예측해서 낙찰가를 정했다. 나는 주변 건물의 수익률을 감안해서 이 사업이 가능하겠다는 판단을 내렸다. 사실 나는 그 건물로 큰돈을 벌겠다는 마음보다 크게 손해만 나지 않으면 신축을 짓는 경험을 해보고 싶었다. 내가 가진 금액으로 도전해볼 수 있다면 경험의 교육비라 생각하고 해보고 싶었지만, 남편은 그렇게 큰 재산을 걸고 경험을 얻느냐고 반대하는 입장을 보였다. 하지만, 신축을 준비하면서 이론보다는 꼭 경험해봐야만 알 수 있는 것들이 있다는 것을 느꼈기 때문에 그렇게라도 경험해보고 싶었던 것이다.

입찰일은 평일이었다. 나는 직장을 다니고 있었기 때문에 그날 휴가가 가능한 남편에게 부탁해서 입찰을 하게 했다. 남편은 반대하는 입장이었지만, 첫 입찰이라 당연히 안 되겠지 하는 마음으로 편안하게 입찰장으로 향했다. 첫 번째로 자기 이름이 불릴 때까지도 집에 갈 준비를 하며 알아채지 못했고, 여러 번 자기 이름이 불린 후에야 본인이 낙찰되었음을 깨닫고 그때부터 마음의 평화가 무너지기 시작했다고 한다.

나는 남편에게 문자가 왔을 때 내용을 보기도 전에 낙찰했을 것 같다는 느낌을 받았다. 그래서 기쁜 마음으로 남편에게 전화했다. 남편은 낙찰되었다는 사실 자체도 싫었고, 차순위와의 금액 차이 때문에 더욱 기분이 안 좋았다.

차순위와의 금액 차이는 5,500만 원이었다. 크다고 하면 크게 생각할 수 있는 금액이지만, 나는 결과에 만족했다. 일단 현재 시세보다 훨씬 싸게 매입한 것이 사실이었고, 그 후에 중개업소에도 알아보았지만, 그런 비슷한 매물은 전혀 나와 있지 않았으며, 그 가격은 일반 매매로는 기대할 수 없었기 때문이다. 또, 이성적으로 판단한 금액에서 감정적으로 너무 높은 것 같아 금액을 줄였으면 이번 물건에서는 좀 더 낮은 가격으로 낙찰을 받을 수 있었겠지만, 그 이후에는 계속 감정적인 느낌이 작용해 입찰가를 내리면서 계속적으로 패찰이 될 가능성이 더 크기 때문이다.

나는 3.3㎡당 1,900만 원 정도로 낙찰을 받았고, 인근 중개업소에서는 옆집과 함께 건축한다면 내 토지가 건축하기에 유리한 조건을 가졌기 때문에 옆집 토지가 3.3㎡당 1,800만 원을 받을 때 2,500만 원을 받을 수 있는 토지라고 말했다. 하지만, 실제로 최근 중개업소를 다녀보니, 내가 낙찰받은 주택 옆집은 3.3㎡당 2,500만 원에 매물로 나와 있었다. 그렇다면 내 토지는 실제로 그 이상의 가치를 이미 가진 것이었다.

경매란 결국 간절한 사람이 가져가는 게임이라고 생각한다. 단순히 사업적으로만 접근한 것이 아니라, 사업성이 어느 정도 수준만 된다면 꼭 경험해보고 싶었던 나의 간절함이 있었기 때문에 다른 사람들보다 수익률의 폭을 좀 더 낮게 접근했을 수도 있고, 다른 사람들보다 더 많은 조사를 함으로써 가치를 더 높게 평가했을 수도 있다.

경매에서 낙찰이 되었다고 해서 바로 잔금을 내고 내 소유가 되는 것은 아니다. 매각 허가 결정과 항고 기간, 낙찰 납부기일 지정으로 어느 정도 시간이 소요된다.

낙찰 후 잔금까지의 기간

1. 매각 허가 결정 : 낙찰 부동산에 대한 매각 허가 결정(1주 소요)
2. 항고 기간 : 경매 절차에 대해 채무자나 이해관계인의 항고가 가능 (1주 소요)
3. 낙찰 납부기일 지정 : 낙찰 후 2주(매각 허가 결정, 항고 기간)가 지나면 낙찰 부동산의 잔금 납부일 지정, 건물 철거 및 토지 인도 청구 가처분, 유치권, 법정지상권

낙찰받은 날부터 잔금을 내기 전까지 남편과 나는 계속 의견 차이를 보였다. 이게 아파트처럼 단순한 물건이 아니라, 명도할 대상도 2명이나 되고, 신축을 하게 되면 세금 부분도 확인해야 하며, 설계 및 공사계획도 세워야 해서 알아봐야 할 것과 추가적으로 고려해야 할 것들이 계속 발생했다. 남편은 이 부분에서 매우 스트레스를 받았다.

나는 이 기회를 통해 내가 실행하기 전에는 알 수 없었던 것들을 알아나갈 수 있어서 값진 경험이라고 생각해서 좋았지만, 남편은 해보지 않은 것에 대한 불확실함에서 오는 두려움이 큰 것 같았고, 무슨 일이든 걱정부터 했다. 이 물건 자체가 우리에게는 너무 감당하기 힘든 물건이라고 부정적인 의견을 보였다. 하지만, 수영을 배울 때 수영을 해본 사람의 이야기를 듣는 것만으로는 배울 수 없듯이 투자도 했던 사람들의 경험이나 책과 강의, 스터디만으로는 배울 수 없는 게 있다. 수영이나 자전거처럼 넘어지고, 수영장 물을 마셔가며 배워야 하는 부분들이 있다. 미리 더 많이 알아보면 조금 덜 넘어질 수 있고, 수영장 물을 조금 덜 마시며 배울 수는 있다.

어떤 결정을 하든지 한 사람의 뜻대로만 할 수 없는 일이기 때문에 나는 남편의 의사를 존중했다. 어차피 가족들과 잘살기 위해 이런 투자들을 하려고 했던 것인데, 남편에게 그렇게 큰 부담을 주면서까지 할 이유는 없다고 생각했고, 쉽지는 않겠지만 이 물건이 아니더라도 꾸준히 공부하다 보면 또 다른 좋은 물건을 만날 수 있을 거라고 생각했다. 그래서 나는 남편이 끝까지 반대한다면 포기하려는 마음을 가지고 있었다. 일단 나는 하고 싶지만, 남편이 반대하면 하지 않겠다는 의사를 분명히 이야기했고, 남편은 잔금을 치르는 전날까지 마음을 잡지 못했다. 남편은 잔금을 내지 않았을 때 보증금을 돌려받지 못하는 것에 대해서도 고민이 많았다. 하지만 나는 남편이 그렇게 걱정하는 것보다는 그 정도의 금액을 잃는 것이 차라리 낫다고 생각했다. 이 한 건으로 생각하면 매우 아깝지만, 크게 봤을 때 그 정도 비용은 투자를 하는 데 있어서 사용될 수도 있다고 생각했기 때문이다.

이렇게 마음을 다잡고 있었지만, 남편이 잔금을 내기 전날에 하지 말자고 했을 때 나도 모르게 눈물이 나왔다. 하고 싶었던 그 마음을 추스르기가 힘들었던 것 같다. 남편은 그런 모습이 보기 안쓰러웠는지 잔금을 내고 관련 서류들을 추가적으로 더 받아왔다.

초보자도 할 수 있는
명도 노하우

주택을 일반 매매하거나, 낙찰을 받을 때 모두 명도의 과정을 거쳐야 한다. 일반 매매는 계약 전 그런 부분을 협상하고 계약을 체결하기 때문에 어려움이 덜 하지만, 낙찰을 받으면 잔금을 치르기 전까지 임차인들은 주인이 아니라고 생각하기 때문에 사전 협상을 하기도 어렵다. 하지만 최종 잔금을 치르기 전까지 분위기 파악을 하며 대략의 난이도는 파악할 수 있다.

우리의 경우 명도해야 할 임차인 2명과 전(前) 소유자의 짐이 있었다. 1명은 배당금을 전액 받는 사람이었고, 또 다른 한 명은 가장 어려운 부류에 속하는 90세가 넘으신 연로한 할머니셨다. 그리고 전 소유자는 전화도 끊겨 연락도 되지 않는 상황이었다. 우리도 3월쯤에는 착공을 하고 싶었기 때문에 언제까지 연락을 기다리며 미룰 수만은 없는 상황이었다. 이때가 겨울이 시작될 때쯤이었는데, 한 분은 보일러가 되지 않아 이사를 하고 싶어하는 상황이었고, 다른 한 분인 할머니와는 잔금 전에 통화를 해봤는데 할머니의 사위가 잔금도 내지 않았으면서 왜 전화를 하냐고 큰소리를 치셨다. 그래서 잔금을 내기 전까지는 연락하지 않고, 잔금을 낸 후 문자로 명의 이전이 되었음을 알리고, 협상과 동시에 인도 명령 신청도 함께 준비했다. 인도 명령 신청은 법원에 직접 가거나 전자소송으로 할 수 있는데, 한 번 법원에 직접 가서 하면, 다른 임차인도 법원에 직접 가서 해야 한다.

내용증명을 발송해서 진행 내용과 법적 절차에 따른 비용 청구, 세입자의 무단 거주에 따른 부당 이익에 대한 내용을 정리해서 내용증명을 보낼 수도 있다. 이런 방법들을 다 동원했는데도 명도를 하지 못했다면 강제집행을 신청해야 한다.

인도 명령의 절차

– 낙찰자가 잔금을 내고 6개월 이내에 인도 명령 신청 가능
– 해당 부동산의 점유자가 특별한 사유가 없는 한 인도 명령 신청 후 2주일 이내 결정

부동산 인도(강제) 집행

인도 명령이 상대방에게 송달되었는데도 점유자가 이사를 하지 않을 경우 인도 명령 결정문을 발급받아 강제 집행 신청 가능

첫 번째 분의 경우 배당금을 받기만 하면 바로 나가실 것 같더니, 막상 이사 가실 때가 되니 이삿짐 용달차 비용 정도만 달라고 하셨다. 비용이 조금 늘어나기는 했지만, 큰 비용은 아니었고, 유일하게 전 소유자와 연락이 되는 분이어서 일정에 맞춰 빨리 나갈 수 있도록 협조해드렸다. 나는 시간을 끌며 모든 상황의 최선을 만들기보다는 조금 비용이 소요되어도 빨리 해결되는 쪽을 선택했다.

두 번째 분은 워낙 연로하셔서 남편이 찾아가니, 자원봉사자 분과 함께 계셨다. 남편은 건강하시라고 인사만 하고, 명도 이야기는 꺼내지도 못했다. 이 집의 계약은 딸 이름으로 되어 있고, 실제로는 할머니만 거주하고 계셨다. 계약자는 경매기입등기 이후에 전입신고를 해서 배당을 처음에는 받지 못하셨다가 나중에 받게 되었다. 전화를 하면 사위 분이 전화를 받아 돈만 주면 내일이라도 나가겠다며 노골적으로 강하게 말씀하셨다. 그 따님의 주소와 근무하는 어린이집의 건물 등기부등본을 떼어 보니, 둘 다 본인 소유로 재산이 없는 분도 아니었다. 인근에서 어린이집을 하고 있기 때문에 만나기는 어렵지 않겠다는 생각과 일이 크게 번지는 것을 그쪽에서도 바라지는 않겠다는 생각이 들어 조금 안심이 되었다.

사실 이 임차인분들은 1년 이상을 월세도 내지 않고 살고 계신 경우라 이사는 가야 했지만, 오히려 이득을 보신 분들이다. 우리는 잔금을 내자마자, 인도 명령 신청도 동시에 했기 때문에 가만히 있으면 결국 인도 명령이 진행되겠지만, 조금 더 빨리 끝내고 싶은 마음에 협상도 동시에 진행했다.

처음에 잔금을 내기 전에 통화했을 때 할머니의 사위는 잔금도 내지 않았으면서 왜 전화를 했냐고 화를 내셨기 때문에 잔금 이후에 다시 전화를 했고, 최대한 부딪히지 않고 있었던 일들을 확실히 하기 위해 2번의 내용증명을 보냈다. 그래도 그 사위께서 통화 중에 돈 이야기를 많이 하셔서 결국 돈을 주면 나가긴 나가겠구나 하는 생각에 크게 걱정되지는 않았다. 결국 인근 카페에서 만나 이사비용을 조금 더 챙겨드리는 쪽으로 말씀드렸더니 1월 안에 이사를 가겠다고 결정해주셨다. 그리고 약속한 날짜 이내에 이사를 나갈 수 있도록 서둘러주셨다. 전화로는 고성이 오가기도 했지만, 막상 만나 보니 그냥 우리 부모님처럼 평범하신 분들이었다.

〈첫 번째 발송한 내용증명〉

내용증명

발 신 : ○ ○ ○
성 명 : ○ ○ ○(주민등록번호)
연락처 : ○ ○ ○

수 신 : ○ ○ ○
성 명 : ○ ○ ○(주민등록번호)
연락처 : ○ ○ ○

당 부동산 : ○ ○ ○

안녕하세요.

발신인은 상기 부동산에 관해서 2019. 10. 28 경매로 낙찰을 받은 사람입니다. 본인은 상기 부동산에 관해서 낙찰 후, 2019. 11. 4 귀하에게 향후 일정에 대해 의견을 나누고자 문자를 드리고, 2019. 11. 5 요양보호사 핸드폰으로 통화가 되어 귀하가 향후 진행 절차에 대한 내용을 문의하신 바, 2019. 11. 15 경매 대금 지급기일이 2019. 12. 19로 정해졌다는 내용과 향후 일정에 대해서 귀하에게 답신 또는 연락을 요청했으나 어떠한 연락이 없어 2019. 11. 16 귀하에게 전화를 드렸으나 받는 즉시 착신불가로 이어져 다시 한번 문의하신 향후 진행 절차 및 본인의 생각에 대해서 의견을 나누고자 문자를 드리고 답신 또는 연락을 요청했습니다만, 지금까지 어떠한 연락이 없으므로 명도에 따른 절차를 아래와 같이 진행하려고 합니다. 아래의 내용을 잘 숙지하시고, 현명하게 판단하시어 서로의 소중한 재산이 지켜질 수 있기를 바랍니다.

– 아래 –

1. 본인은 2019. 12. 18까지 경매 대금은 낼 계획이며, 경매 대금 납부 후 "○○시 ○○구 ○○동 ○○○-○○ 토지 및 건물"은 본인의 소유로 소유권 이전이 됩니다. 소유권 이전 이후는 이 집의 소유자는 본인이고, 귀하와 본인과는 계약 관계가 없기 때문에 빠른 시일 내에 집을 비워주시기 바랍니다.

2. 또한 귀하는 2018. 10. 22 배당요구를 신청하셨는데(첨부서류1 권리신고 및 배당요구 신청서 사본 참조), 배당요구를 신청하셨다는 의미는 판례에 따라 배당 금액을 받고, 더 이상 이 집에서 살지 않고 종료하겠다는 의사표시로 간주되므로 본인은 바로 이사를 나가실 것으

로 판단하고 있습니다. 귀하의 임차보증금의 배당금을 받기 위해서는 낙찰자의 명도 확인서 및 인감증명서가 필요한데, 본인에게 상기 부동산의 인도를 하지 않았을 때는 위 서류를 발급해줄 수 없으며 결국 귀하의 배당금을 수령할 수 없습니다.

3. 본인은 귀하와 원만하게 명도 부분이 협의되길 바랍니다. 그러나 귀하가 본 내용증명을 받은 후에도 7일 이내에 연락이 없을 경우 본인과 협의할 의사가 없는 것으로 간주하고, 경매 대금 납부 후 귀하를 상대로 서울동부지방법원에 인도 명령 신청 및 추후 강제 집행을 신청하겠습니다.

4. 또한, 인도 명령 신청 및 강제 집행 외에도, 귀하가 본인의 소유권 이전일로부터 상기 부동산을 인도할 때까지 무상으로 사용한 부분에 관해서 본인은 상기 부동산의 1층 101호의 보증금 2,500만 원 및 월세 30만 원(첨부서류2 1층 101호 임대차계약서 참조)을 기준으로 동일하게 적용해서 환산한 금액인 보증금 1,000만 원에 월세 55만 원 및 관리비와 민법에서 정한 지연이자(연 12%)를 부당이득으로 하는 부당이득반환소송을 제기할 것이며, 판결이 되는 즉시 귀하의 임차 보증금의 배당금 및 급여 등에 압류 조치할 예정입니다(법적으로 점유자는 소유권 이전일로부터 보증금 없는 임대료 상당의 금액을 낙찰자에게 지급할 의무가 있습니다).

5. 따라서 귀하와 협의가 되지 않을 경우 위 3, 4항의 소송을 제기할 것이며 소송이 끝난 후 상기 부동산의 사용료(월세), 소송 비용, 부동산 강제 집행비 등 일체의 비용을 다시 청구할 것이므로 참고하시기 바랍니다.

6. 마지막으로 위에 기재된 모든 법적 절차는 원만한 합의가 이루어
지지 않았을 경우를 가정하고 기재한 것이니 오해 없으시기 바랍니
다. 만약 내용증명 수신 후 서로 합의가 이루어질 경우 모든 소송 절
차는 진행하지 않고 원만하게 마무리할 것입니다.

7. 발신인도 금전이 부족한 이유로 은행으로부터 대출을 받아 상기
부동산을 매입했기에 명도 지연으로 발생하는 이자가 부담스러운 상
황이어서 신속하게 업무를 진행할 수밖에 없는 상황입니다. 따라서
발송된 내용증명은 추후 협의가 안 될 경우에 대한 내용이니, 감정
상해하지 마시고 이사 날짜 및 명도에 관해 협의할 의사가 있는 경우
연락주시기 바랍니다.

2019. 11. 19
발신인 : ○○○

내용증명

발 신 : ○○○

성 명 : ○○○(주민등록번호)

연락처 : ○○○

수 신 : ○○○

성 명 : ○○○(주민등록번호)

연락처 : ○○○

당 부동산 : ○○○

안녕하세요.

발신인(이하 "본인"이라 함)은 상기 부동산에 관해서 2019. 10. 28 경매로 낙찰을 받고 2019. 12. 18 경매 대금 잔금을 완납해서 합법적인 소유자임을 공지드립니다(첨부서류1 서울○○지방법원 매각허가 결정 정본 사본 참조).

본인은 경매 대금 잔금을 완납하기 전 2019. 12. 13 수신인에게 문자 메시지(첨부서류2. 문자메시지 캡처 사본)로 본인의 의사를 통보드렸고, 이와 관련해 명도에 따른 절차를 아래와 같이 진행하려고 합니다. 아래의 내용을 잘 숙지하시고, 현명하게 판단하시어 서로의 소중한 재산이 지켜질 수 있기를 바랍니다.

– 아래 –

1. 본인은 2019. 12. 18 경매 대금을 완납했으므로 "○○시 ○○구

○○○동 ○○○-○○토지 및 건물"의 합법적인 소유자입니다. 귀하는 2019. 12. 18부터 본 주택을 본인의 승인 없이 점유(사람, 물건 모두 포함)할 수 없는데도 불구하고 현재 무단으로 점유하고 있는 것입니다.

2. 그러므로 귀하가 본인의 승인 없이 본인 소유의 주택에 무단으로 점유하고 있는 현재의 상황과 관련 합법적인 소유자로서의 권리를 찾기 위해서 2019. 11. 19 발송한 내용증명과 동일하게 법적 절차인 부동산 인도 명령 및 강제 집행 등을 진행할 것입니다.

3. 또한 귀하는 현재 본인 소유의 주택에서 무단으로 점유하고 있기 때문에 무단으로 점유하고 있는 비용을 본인에게 지급해야 합니다. 그 비용은 지난번 내용증명으로 통보드렸듯 이 상기 부동산의 1층 101호의 보증금 2,500만 원 및 월세 30만 원을 기준으로 동일하게 적용해서 환산한 금액인 보증금 1,000만 원에 월세 55만 원으로서 2019. 12. 18부터 임대료 55만 원을 청구(일할 계산으로 명도 시까지)하겠습니다(법적으로 점유자는 소유권 이전일로부터 보증금 없는 임대료 상당의 금액을 낙찰자에게 지급할 의무가 있습니다).

4. 아울러, 본인은 2019. 12. 22 1층 101호 점유자(○○○)와 쌍방이 합의하에 명도에 따른 합의서를 작성 날인했고, 2019. 12. 28 토요일에 명도하기로 했으며, 101호 점유자가 명도 완료되면 건축물 멸실을 위한 부분 철거 등을 진행할 것입니다.

5. 귀하는 2018. 10. 22 배당요구를 신청하셨는데, 배당요구를 신청하셨다는 의미는 판례에 따라 배당 금액을 받고 더 이상 이 집에서 살지 않고 종료하겠다는 의사표시로 간주되고, 귀하의 임차보증금의

배당금을 받기 위해선 낙찰자의 명도 확인서 및 인감증명서가 필요하다는 것을 다시 한 번 알려드리며, 본인에게 상기 부동산의 인도를 하지 않았을 때는 위 서류를 발급해줄 수 없으며 결국 귀하의 배당금을 수령할 수 없습니다.

5. 본인은 귀하와 원만하게 명도 부분이 협의되길 바랍니다. 귀하와 협의가 되지 않을 경우 법적 절차를 지속할 것이며 귀하에 대한 인도 명령에 의한 강제 집행 시 그 집행비용을 귀하가 부담해야 하며, 또한 귀하는 명도 지연에 따른 별도의 손해(부동산의 사용료 및 소송비용 등 일체의 비용)를 배상할 책임을 지게 되므로 본인은 위 2, 3항 및 본 5항의 내용으로 귀하의 배당금 및 급여 등에 압류를 진행할 수 있습니다.

6. 마지막으로 위에 기재된 모든 법적 절차는 원만한 합의가 이루어지지 않았을 경우를 가정하고 기재한 것이니 오해 없으시기 바랍니다. 만약 내용증명 수신 후 서로 합의가 이루어질 경우 모든 소송 절차는 진행하지 않고 원만하게 마무리 할 것입니다. 따라서 발송된 내용증명은 추후 협의가 안 될 경우에 대한 내용이니, 감정 상해하지마시고 이사 날짜 및 명도와 관련해서 연락주시기 바랍니다.

2019. 12. 23
발신인 : ○○○

명도 합의서

낙찰자 ○○○(이하 "갑"이라 한다)과 점유자 ○○○(이하 "을"이라 한다)는 상호 협의해서 아래와 같이 합의하기로 한다.

사건번호 : ○○○ 타경 ○○○

〈부동산의 표시〉
서울특별시 ○○○구 ○○○동 ○○-○○○
○층 ○○○호

– 아래 –

1. "을"은 2020. 1. 15까지 상기 부동산에서 "을"의 어머니인 ○○○ 여사와 함께 이사하기로 한다. 또한 "을"은 "을"과 "을"의 어머니인 ○○○(주민등록번호 000000-0000000) 여사를 상기 부동산에서 이사 후 7일 안에 주민등록을 이전하기로 하며 점유를 제3자에게 이전하지 않기로 한다.

2. "갑"은 "을"에게 이사비로 일금 일0만 원(₩X,000,000)을 지급하기로 하고, 이사비는 제1항에 기재한 이사 약정일자에 모든 이삿짐을 상기 부동산에서 반출한 것을 확인하고 지급하기로 한다.

3. "을"은 상기 부동산에 남은 물건들을 버린 것으로 인정하고, "갑"이 남은 이삿짐을 임의로 폐기물 취급해서 처리해도 민·형사상 책임을 묻지 않기로 한다.

4. "을"은 제1항에 기재된 이사 약정일 이후엔 어떠한 경우라도 상기 부동산이 "갑"에게 인도 집행이 완료된 것으로 인정하고, "갑"이 문을 강제로 개문해서 제3항의 행위를 해도 "갑"에게 민·형사상 책임을 묻지 않기로 한다.

5. "갑"과 "을"은 위 약정 중 어느 항목 하나라도 위반 시 쌍방에게 손해배상금으로서 일금 0백만 원(₩X,000,000)을 7일 이내에 지급하기로 한다.

2020. 1. 4

"갑" 성 명 : ○○○(인)
주민등록번호 : 000000-0000000
주 소 : ○○○○○○

"을" 성 명 : ○○○(인)
주민등록번호 : 000000-0000000
주 소 : ○○○○○○

임차인들이 명도 합의서 내용대로 이사를 나가실 때 현장에 가서 열쇠를 받고 명도 확인서를 드렸다. 명도 확인서는 배당금을 받기 위해 필요한 서류이기 때문에 명도가 합의되었다고 미리 전달하지 말고, 꼭 이사 가는 날 열쇠를 받고 전달하는 게 좋다. 사실 임차인 입장에서 보면 명도 확인서를 빨리 받아 배당금을 받고 이사 갈

집에 계약금을 내고 싶겠지만, 명도 확인서를 미리 줬는데 임차인이 집을 구하는 것을 계속 지연시키면 곤란한 경우가 생길 수 있다.

명도 확인서와 인도 명령 신청서는 책과 인터넷을 참고해서 남편이 직접 작성했다. 마지막으로 전 소유자는 연락이 어려웠는데, 다행히도 첫 번째 임차인분이 전 소유자와 계속 연락을 하고 지내서 그분께 도움을 받을 수 있었다. 전 소유자는 옷과 살림, 담금술, 건축자재 등의 짐이 있었는데, 그 짐 처리와 관련해서 첫 번째 임차인과 이야기를 나누시는 것 같았다. 첫 번째 임차인에게 부탁드려서 우리의 의사를 전달했고, 그렇게 첫 번째 임차인의 도움으로 간간이 연락이 되었다. 하지만 일이 어떻게 될지 모르고 나중에 그 짐 때문에 난감한 상황이 생길 수도 있을 것 같아서 우리는 여러 번 연락했던 발신 내역과 문자메시지 내용 등을 저장해두었다.

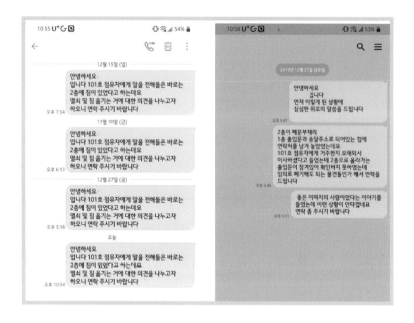

첫 번째 임차인의 도움으로 전 소유자를 어렵게 만났지만, 처음 만남에서는 합의점을 찾지 못했고, 두 번째 만남에서는 약간의 현금을 챙겨드리기로 하고 짐을 처분해도 좋다는 문구에 서명을 받았다. 언제까지 치우지 않으면 처분하겠다는 사인을 받기는 했지만, 그 날짜는 지켜지지 않았다. 우리는 약간의 시간을 더 드렸고, 조금 지체되기는 했지만 그 후에 필요한 것은 다 정리하셨다고 연락이 와서 나머지는 우리가 폐기하기로 했다. 사실 따지고 들면 전 소유자에게 돈을 드릴 필요는 없었고, 계속 기다려줄 필요도 없었지만, 이것도 어차피 사람 관계라 무조건 원칙대로 할 수는 없었다. 내가 하고자 하는 일에 크게 벗어나지만 않는다면 상대방에게도 약간의 시간을 주고, 나 역시 시간을 끌고 신경전을 하며 비용을 최소로 줄이는 것보다는 최종적으로 내가 원하는 것에 집중하고, 그것을 빨리 달성할 수 있는 방안을 찾기 위해 노력한 것이다.

한 건의 경매에 결국 3건의 명도를 경험하게 되었다. 명도는 처음이었기 때문에 생각하는 방향은 있어도 확신하며 추진하기는 쉽지 않았는데, 그때마다 조장현 저자님이 많은 경험을 바탕으로 조언을 해주셔서 마음을 다지고 계획대로 추진해나갈 수 있었다. 쉬운 일은 아니었지만, 자금을 내고 한 달 안에 명도는 끝났다. 우리는 신축을 하려고 단독주택을 매입했기 때문에 신축과 관련된 일들을 진행하기 시작했고, 명도가 끝나자 신축에만 집중할 수 있었다.

06

철거, 새로움이
시작되는 순간

석면이 발견되어 한 주 정도 철거작업이 지연되었다. 대부분 건축 시 철거를 조건으로 토지담보 대출을 받게 되는데, 철거가 지연되면 대출에 차질이 생겨 잔금이 미뤄질 수 있으니 이런 상황을 염두에 두고 대비책을 세워두면 좋을 것 같다.

철거가 완료되면 이웃집 주민 입회하에 경계 측량이 진행된다. 우리는 코너에 위치하고 있어서 두 집과 접해 있었는데, 옆집은 신축을 한 지 얼마 되지 않아 측량을 먼저 했으므로 뒷집 입회하에 측량하게 되었다. 다행히 옆집과 경계는 비슷하게 나왔고, 골목길 쪽으로 도로가 우리 땅을 0.8m 정도 차지하고 있어서 철거 전보다 조금 넓어졌다.

실제 경계 측량을 하면서 우리 땅이 옆집 땅을 차지하고 있어서 설계를 수정하거나, 옆집과 협상을 하는 경우를 여러 번 봐서 작은 땅이 더 줄어들까 마음을 졸였다. 그런 경우가 생겨도 오래된 구옥 측량 시 빈번하게 발생하는 일이니까 너무 걱정하지 말고 협상할 수 있는 방법을 생각해보는 게 좋겠다. 신축 완료 후에 사용승인 검사를 신청하기 위해 건축물의 위치와 면적을 확인하는 지적 현황 측량을 한 번 더 하게 된다.

철거가 끝나면 폐기물 반출을 해야 한다. 그런데, 골목에 주차된 차량의 주인이 현재 지방에 있다고 하며 차를 빼주지 않았다. 현장소장님께서 직접 열쇠를 가지러 가신다고 하셔도 본인은 정해진 자리에 주차를 한 것뿐이니, 내일 빼주겠다고 했다고 한다. 철거 마지막 날, 골목이 좁다면 폐기물 반출을 위해 주변 차량에 미리 양해를 구해놓아야 한다는 이야기가 머리를 스쳐지나갔다. 미리 생각하지 못해 반출 작업이 다음 날로 미뤄지고, 결국 공사 일정은 하루 늦어지게 되었다.

이제 폐기물 처리가 끝나면 본격적으로 건축물의 기초를 구축하기 위해 토지기반을 다지는 지정 공사가 시작된다. 지정 공사는 터파기, 잡석다짐, 버림콘크리트 작업으로 진행된다.

5장
다가구주택
신축하기

왜 다가구주택
신축일까?

다가구주택에 대해 오래전부터 관심을 가져왔지만, 인터넷으로 검색해서 수익률을 확인해보는 정도였던 것 같다. 그리고 괜찮은 물건은 현장과 해당 부동산을 가보았지만, 다가구주택은 신축할 수 있는 땅에 있는 것을 사야 한다고는 들었는데, 건축에 대한 지식이 전혀 없으니 신축이 가능한지를 파악하기가 힘들었다. 또 신축할 수 있는 물건은 대부분 단독주택 상태라 현재 상태로는 당연히 수익률이 나오지 않았다. 그래서 시간을 가지고 주택에 대해 관심을 가져봐야겠다는 생각이 들었다.

서울 다가구주택은 보유하는 동안 월세를 받을 수 있어서 현금 흐름을 만들 수 있고, 전세와 월세 비율을 조정해서 레버리지를 조절하며 투자할 수도 있다. 거기다 지가 상승까지 가능하니, 내가 원하는 것을 충족시켜줄 수 있는 부동산이라는 생각이 들었다. 수익형 부동산 투자를 위해 지식산업센터에 투자하는 강의를 듣기도 했지만, 건물 한 칸을 매입해 임대를 놓는다는 게 나에게는 크게 매력적으로 다가오지는 않았다. 그래서 다세대주택을 지어보신 분의 하루 강의를 듣게 되었고, 그 후 신축 스터디모임에 참여하게 되었다.

스터디를 통해서 짓고 싶은 지역의 임대가를 조사하거나, 신축 부지를 찾아 토지이용계획확인원을 출력해 일조 사선을 그려보고, 주차대수는 몇 대가 가능할지를 파악해 몇 층으로 올릴 수 있는지와 방은 몇 개가 나올 수 있는지를 공부했다. 하지만 이런 것들이 한두 번 해본다고 해서 정확하게 할 수 있는 것은 아니어서 어느 정도 확신이 든다면 토지 계약을 하기 전에 반드시 가설계를 받아야 한다.

02

신축을 하기 전에
준비해야 할 것

토지이용계획확인원 발급

마음에 드는 건물을 발견했다면 해당 토지에 대한 정보가 궁금할 것이다. 건물이 들어설 토지와 건축물에 대한 정보는 '토지대장'과 '건축물대장'에서 찾을 수 있다. 토지이용규제정보시스템(luris.molit.go.kr)에 들어가면 토지의 위치와 면적, 공시지가와 이용계획 및 토지대장, 건축물대장, 등기부등본, 용적률, 건폐율, 지적도 발급까지도 가능하다. 규제 정보 및 행위 제한 정보까지 상세히 알 수 있다. 행위 제한에 대한 관련 법령도 함께 조회할 수 있으니, 기본적으로 꼭 발급해서 해당 내용들을 확인해야 한다.

〈토지이용계획원〉

소재지			
지목	대	면적	132 ㎡

개별공시지가(㎡ 당) 2,336,000원 (2020/01) Q 연도별 보기

지역지구등 지정여부	「국토의 계획 및 이용에 관한 법률」에 따른 지역·지구등	도시지역 , 제2종일반주거지역(7층이하)
	다른 법령 등에 따른 지역·지구등	가축사육제한구역<가축분뇨의 관리 및 이용에 관한 법률> , 상대보호구역(최종확인은 관할 교육청에 반드시 확인이 필요한 사항임)<교육환경 보호에 관한 법률> , 대공방어협조구역(위탁고도:77-257m)<군사기지 및 군사시설 보호법> , 과밀억제권역<수도권정비계획법>

「토지이용규제 기본법 시행령」 제9조제4항 각 호에 해당되는 사항 — 중점경관관리구역(주요산 주변)

범례
☐ 제2종일반주거지역
☐ 대공방어협조구역
☐ 도시지역
☐ 도로

확인도면

☐ 작은글씨확대 축척1 / 600 [변경]   Q 도면크게보기

도시지역
국토의 계획 및 이용에 관한 법률 제79조

용도지역 확인

용도지역에 따라 해당 토지면적에 대한 건축면적인 건폐율과 용적률이 결정되어 사업에 중요한 영향을 주기 때문에 꼭 확인해봐야 한다. 우리나라는 다음의 범위로 지정되어 있으나. 이와 관련된 법규나 지자체 조례들은 수시로 변경될 수 있으니 실제 땅을 매입할 때나 건축을 하기 전에 반드시 해당 관청에 확인 후 진행해야 한다.

〈단독주택의 용도지역별 건축 가능 여부〉

건축물 분류	건폐율	용적률	1. 단독			
			가. 단독	나. 다중	다. 다가구	라. 공관
면적 기준			−	330㎡ 이하	660㎡ 이하	
1종 전용주거지역	50%	100%	●	X	▲	X
2종 전용주거지역	50%	150%	●	●	●	●
1종 일반주거지역	60%	200%	●	●	●	●
2종 일반주거지역	60%	250%	●	●	●	●
3종 일반주거지역	50%	300%	●	●	●	●
준주거지역	70%	500%	●	●	●	●
중심상업지역	90%	1,500%	▲ (근생주택)	▲ (근생주택)	▲ (근생주택)	▲ (근생주택)
일반상업지역	80%	1,300%	△	△	△	△
근린상업지역	70%	900%	●	●	●	●
유통상업지역	80%	1,100%	X	X	X	X
전용공업지역	70%	300%	X	X	X	X
일반공업지역	70%	350%	▲	▲	▲	▲
준공업지역	70%	400%	△	△	△	△
보전녹지지역	20%	80%	▲	▲	X	X
생산녹지지역	20%	80%	●	●	●	●
자연녹지지역	20%	80%	●	●	●	●
보전관리지역	20%	80%	●	●	●	●
생산관리지역	20%	80%	●	●	●	●
계획관리지역	40%	100%	● (4층 이하)	● (4층 이하)	● (4층 이하)	● (4층 이하)
관리지역세분전	40%	100%	● (4층 이하)	● (4층 이하)	● (4층 이하)	● (4층 이하)
농림지역	20%	80%	● (농어가주택)	X	X	X
자연환경보전지역	20%	80%	● (농어가주택)	X	X	X
취락지구	60%	−	●	●	●	●

(※ ●법 허용, ▲조례 허용, △조례 제한, X제한)

〈공동주택의 용도지역별 건축 가능 여부〉

건축물 분류	건폐율	용적률	2. 공동			
			가. APT	나. 연립	다. 다세대	라. 기숙사
면적 기준			–	660㎡ 초과	660㎡ 이하	
1종 전용주거지역	50%	100%	X	▲	▲	X
2종 전용주거지역	50%	150%	●	●	●	●
1종 일반주거지역	60%	200%	●	●	●	●
2종 일반주거지역	60%	250%	●	●	●	●
3종 일반주거지역	50%	300%	●	●	●	●
준주거지역	70%	500%	●	●	●	●
중심상업지역	90%	1,500%	▲ 비주거 의무 10% 이상	▲ 비주거 의무 10% 이상	▲ 비주거 의무 10% 이상	▲ 비주거 의무 10% 이상
일반상업지역	80%	1,300%	▲ 비주거 의무 10% 이상	▲ 비주거 의무 10% 이상	▲ 비주거 의무 10% 이상	▲ 비주거 의무 10% 이상
근린상업지역	70%	900%	▲ 비주거 의무 10% 이상	▲ 비주거 의무 10% 이상	▲ 비주거 의무 10% 이상	▲ 비주거 의무 10% 이상
유통상업지역	80%	1,100%	X	X	X	X
전용공업지역	70%	300%	X	X	X	▲
일반공업지역	70%	350%	X	X	X	▲
준공업지역	70%	400%	△	△	△	●
보전녹지지역	20%	80%	X	X	X	X
생산녹지지역	20%	80%	X	▲	▲	▲
자연녹지지역	20%	80%	X	▲	▲	▲
보전관리지역	20%	80%	X	X	X	X
생산관리지역	20%	80%	X	▲	▲	▲
계획관리지역	40%	100%	X	●	●	●
관리지역세분전	40%	100%	X	▲	▲	▲
농림지역	20%	80%	X	X	X	X
자연환경보전지역	20%	80%	X	X	X	X
취락지구	60%	–	X	▲	▲	▲

(※ ●법 허용, ▲조례 허용, △조례 제한, X제한)

〈원룸 용도 건축물의 용도지역별 건축 가능 여부〉

건축물 분류	건폐율	용적률	2종근생 가. 다중생활시설 고시원 등	업무시설 나.일반업무시설 오피스텔	숙박시설 가.일반숙박/생활숙박	숙박시설 다.다중생활시설
면적 기준			500㎡ 미만			500㎡ 이상
1종 전용주거지역	50%	100%	X	X	X	X
2종 전용주거지역	50%	150%	X	X	X	X
1종 일반주거지역	60%	200%	▲	▲ (면적제한)	X	X
2종 일반주거지역	60%	250%	▲	▲ (면적제한)	X	X
3종 일반주거지역	50%	300%	▲	▲ (면적제한)	X	X
준주거지역	70%	500%	●	●	▲	X
중심상업지역	90%	1,500%	●	●	● (주거밀집이격)	●
일반상업지역	80%	1,300%	●	●	● (주거밀집이격)	●
근린상업지역	70%	900%	●	●	● (주거밀집이격)	●
유통상업지역	80%	1,100%	△	●	● (주거밀집이격)	△
전용공업지역	70%	300%	●	X	X	X
일반공업지역	70%	350%	●	X	X	X
준공업지역	70%	400%	●	X	△	△
보전녹지지역	20%	80%	X	X	X	X
생산녹지지역	20%	80%	▲ (면적제한)	X	X	X
자연녹지지역	20%	80%	●	X	X	X
보전관리지역	20%	80%	▲	X	X	X
생산관리지역	20%	80%	▲	X	X	X
계획관리지역	40%	100%	●	X	△	△
관리지역세분전	40%	100%	▲	X	▲ (660㎡이하, 3층 이하)	X
농림지역	20%	80%	▲	X	X	X

건축물 분류	건폐율	용적률	2종근생	업무시설	숙박시설	
			가. 다중 생활시설	나.일반업무 시설	가.일반숙 박/생활숙박	다.다중생활 시설
			고시원 등	오피스텔		
자연환경보전지역	20%	80%	X	X	X	X
취락지구	60%	–	●	X	X	X

(※ ●법 허용, ▲조례 허용, △조례 제한, X제한)

참고 :《원룸 건물, 신축사업 길라잡이》, 조장현 저

신축 건물의 수익률

신축 건물을 지을 때 본인이 거주하는 단독주택을 짓는 것이 아
닌 수익형 주택을 짓는 것이라면 수익률 확인은 필수다. 투입되는
비용은 건축하려는 땅 구입비, 설계 및 감리비, 공사비, 각종 세금
등이고, 신축 주택의 매도 가격은 임대가로 산정한 수익률에 의해
결정되기 때문에 시세 조사를 정확하게 해야 한다. 내가 신축 주택
을 지은 지역은 광진구였고, 그 주변의 임대 시세 조사를 하며 신축
주택의 수익률을 조사했다.

〈인근 건물 시세(다세대주택)〉

층	용도	임대 면적		보증금	월세	관리비	보증금	월세	관리비	비고
		(m²)	(평)	1호			2호			
옥탑 1층	계단실 (연면적 제외)	12.15	3.7	1,000	60	7				일조 사선면 위법 증축
5층 (주인 세대)	다세대 (1세대)	51.75	15.7	35,000		7				일조 사선면 위법 증축/또는 2억 60~70만 원
4층	다세대 (2세대)	61.86	18.7	17,000	14	7	15,000	15	7	1.8억 원/1.8억 원
3층	다세대 (2세대)	77.62	23.5	10,000	40	7	18,000		7	2.5억 원/0.005 또는 3.5억 원
2층	다세대 (2세대)	77.62	23.5	21,000		7	20,000		7	원룸 2세대
1층	제1종근생 (소매점)	50.65	15.3	2,000	70					
총 합계		331.65	100.5	86,000	184	35	53,000	15	21	

(단위 : 만 원)

〈예상 수익률〉

금액			비고
매매 가격		220,000	
리모델링 비용			
총 매입 경비		220,000	
보증금		139,000	
대출 원금		0	
실투자액		81,000	
월 수익금	이자 지출		
	임대료 수익	199	
	관리비 수익	33.6	관리비*0.6
	월 합계	232.6	
연 총 수익금		2,791	
연 수익률		3.45	

(단위 : 만 원)

〈인근 건물 시세(다가구주택)〉

층	용도	임대 면적		보증금	월세	관리비	보증금	월세	관리비	비고
		(㎡)	(평)	1호			2호			
옥탑 1층	계단실 (연면적 제외)	11.76	7.0	500	30	5				
5층	다가구 (2가구)	66.07	20.0	17,000		7	17,000		7	
4층	다가구 (2가구)	66.11	20.0	18,000		7	18,000		7	
3층	다가구 (2가구)	66.11	20.0	18,000		7	18,000		7	
2층/주 인세대	제2종 근생 (사무소)	93.64	28.4			7				2.5억 원/50만 원
1층	제2종 근생 (사무소)	19.45	5.9	500	40	7				
1층	계단실	12.6	3.8							
총 합계		323.98	105	54,000	70	40	53,000	0	21	

(단위 : 만 원)

〈예상 수익률〉

금액			비고
매매 가격		210,000	1억 원 조정
리모델링 비용			
총 매입 경비		210,000	
보증금		142,000	
대출 원금		0	
실투자액		68,000	
월 수익금	이자 지출		
	임대료 수익	70	
	관리비 수익	36.6	관리비*0.6
	월 합계	106.6	
연 총 수익금		1,279.2	
연 수익률		1.88	

(단위 : 만 원)

최근 다시 이 건물들이 매도되었을까 확인해보았는데, 매도되지는 않았지만 다세대주택은 30억 원, 다가구주택은 25억 원으로 가격이 조정되어 매물로 나와 있었다. 그때는 준공 바로 후여서 임대가 덜 맞춰진 곳도 있었는데, 더 높은 가격에 임대가 맞춰져서 건물 가격도 올려 매물로 나온 것이라 생각된다. 내가 지으려는 건물의 수익률이 그 인근의 신축 건물의 매도 수익률 정도로 맞춰질 수 있다면 사업성이 있다고 판단해서 신축사업을 진행할 수 있다.

03

신축 부지 찾기

지금도 경매사이트를 통해 신축을 지을 만한 부지가 나오거나, 토지 가격 대비 수익성이 나오고 장기적으로도 호재가 있는 지역이라는 생각이 들면 현장으로 임장을 간다. 지금은 예전보다는 판단 기준이 명확해졌지만, 여전히 신축의 적합성을 파악하는 일은 쉽지 않다.

처음 신축을 하려고 땅을 찾을 때는 가진 돈도 많지 않고, 대출이 얼마 정도는 나온다 해도 대출 환경이 계속 변화해서 확신할 수가 없어서 최소한의 금액으로 지어보려고 했다. 그래서 저렴한 토지 위주로 보다 보니 그런 지역은 임대가도 저렴했다. 임대가가 저렴하다는 이야기는 공급보다 수요가 적다는 이야기이기 때문에 무조건 저렴한 지역을 찾기보다는 토지가 대비 임대가가 높고, 임대가 잘되는 지역 위주로 보는 것이 장기적으로 임대를 맞추고 유지하는 데 더 수월할 수 있다.

신축을 지을 때는 그 토지에서 어느 정도 규모의 건물이 나오는 지도 중요하지만, 부동산의 기본인 일자리와의 접근성, 교통 등을 먼저 체크해야 한다. 투룸이나 쓰리룸 빌라를 짓는다면 학교 근처의 주택가도 수요가 있겠지만, 일반적인 수익형 부동산은 원룸 비율이 많아야 수익률이 높아지는데, 원룸 수요는 일자리와 접근성이 좋은 지역의 역세권 위주로 이루어진다.

토지 가격이 저렴한 서울 지역 검토

출처 : 네이버부동산 및 지도

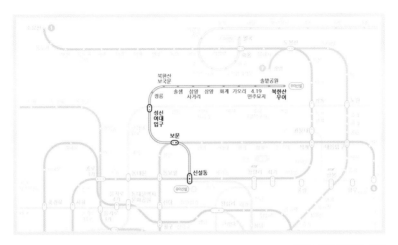

출처 : 서울 지하철노선도

출처 : 네이버부동산

〈토지이용계획원〉

출처 : 토지이용규제정보시스템,

강북구 우이, 신설 경전철 지역으로 임장을 간 것은 2019년 8월 쯤이었다. 6월에 신축스터디를 시작하고, 지속적으로 서울에서 비교적 저렴한 편인 은평구 쪽에서 신축 토지를 찾다가 이쪽까지 함께 보게 되었다. 주로 화계역 근처를 보았는데, 4호선보다는 입지가 불리해서 5분 거리의 역세권 위주로만 보았다. 그때 기준으로 토지 가격이 3.3㎡당 1,300~1,600만 원 정도였고, 임대 가격은 보증금 500만 원에 45~50만 원 정도였다. 이곳의 수요는 저렴한 가격으로 넓게 살고 싶어하는 사람들이기 때문에 원룸의 크기가 7평 정도는 되어야 한다고 했다. 2억 9,000만 원부터 6억 원 초반까지 다양한 토지를 보게 되었는데, 마음에 드는 토지는 6억 원 초반이었고, 나의 예상 금액은 5억 원 정도라 조금 부담이 되었다. 그리고 그 지역을 계속 보다가 삼양역 근처 4분 거리에 북도로의 주택을 보게 되었다.

주변 다른 토지에 비해 가격이 저렴하다고 생각되어 2~3군데 가설계를 맡겨보았다. 가설계도 본인이 판단 기준이 있어야 그것을 보고 수익성을 판단할 수 있다. 은평구 A설계사무소는 한 층을 무조건 한 세대로 가설계해주고, 나중에 나누면 된다고 위법을 아무렇지도 않은 것처럼 이야기하기도 했다. 성북구 B설계사무소는 유명 건축사사무소 출신의 건축사분들이 운영하는 곳인데, 2건의 토지로 가설계를 받아봤고, 지인에게 소개도 했는데, 수익형 부동산임에도 불구하고 수익률을 매우 낮게 쾌적하게만 설계해주셔서 실제 그 설계를 반영해서 건축하기는 어려웠다. 그분들의 경력을 확인해보니, 주로 대형 건물 위주로 설계를 많이 해서 소규모 수익형 부동산에 대한 경력은 많지 않았다. 건축사 선택 시 본인이 지으려는 건물에 대한 경험을 확인해보는 것이 중요하다.

삼양동 토지는 빌라가 새로 들어선 동네의 초입이라 상권이 발달되어 있어 1층을 근생으로 하고 2~4층을 다가구주택으로 가설계를 받았다. 주차 2대에 총 세대수 4개였고, 4층이 일조 사선으로 면적도 좁아지는데, 4층이 있으면 엘리베이터도 필요해 건축비가 추가 부담된다. 다중으로 설계하는 것을 여쭤봤는데 이 지역이 수요가 엄청 많은 지역도 아닌데, 다중으로 지으면 메리트가 떨어질 것 같다고 설계사무소에서는 이야기했다.

〈임대차 내역〉

층	용도	임대 면적		보증금	월세	관리비	보증금	월세	관리비
		(m²)	(평)	1호			2호		
4층	다가구	29.75	9.0	16,000		6	–		
3층	다가구	38.02	11.5	18,000		6	–		
2층	다가구	38.02	11.5	500	40	5	500	40	5
1층	근생	38.02	11.5	500	60	5			
총 합계		143.81	43.5	35,000	100	22	500	40	5

(단위 : 만 원)

금액			비고
매매 가격		101,690	
리모델링 비용			
총 매입 경비		101,690	
보증금		35,500	
대출 원금		0	
실투자액		66,190	
월 수익금	이자 지출		
	임대료 수익	140	
	관리비 수익	16.2	관리비*0.6
	월 합계	156.2	
연 총 수익금		1,874.4	
연 수익률		2.83	

(단위 : 만 원)

〈신축 시 비용〉

3.3㎡당 공사비	6,500,000
공사비	530,400,000
토지비	450,000,000
부대 비용	30,000,000
총 비용	1,016,900,000

(단위 : 만 원)

이 지역이 지가 상승이 높은 지역이 아니었기 때문에 이 수익률로는 사업을 진행하기 어렵다고 판단되었다. 또한 이 지역은 신축 빌라는 많아도 신축 다가구주택이나 다중주택은 거의 없어서 희소가치는 있겠지만, 처음에 지어지면 지속적으로 그 지역의 구축이 된다는 단점이 있기도 하다.

이 토지의 가격은 해당 지역의 다른 토지에 비해서도 저렴한 편이라 중개업소에서는 빨리 결정해줄 것을 계속 요청했다. 나는 마음이 급해져 가설계를 받는 동안 다른 계약이 되면 어떻게 하나 걱정도 했지만, 조장현 저자님과 건물을 지어본 경험이 있는 분들이 검토를 하고 있는 중에 계약된 물건은 나와 인연이 없는 것으로 생각하라고 조언해주셨다. 그만큼 가설계는 중요하다는 역설적 표현일 수도 있다. 그렇게 생각하니, 그런 조급한 마음은 사라졌고, 물건에 대해 좀 더 객관적인 시각을 유지하면서 다면적으로 검토할 시간을 가질 수 있었다.

주택의 구성, 다각적 검토

연신내역은 현재 3호선과 6호선의 더블역세권이고, 로데오거리라고 해서 젊은 사람들의 쇼핑거리와 먹을거리가 많은 상권이 형성되어 있고, 건너편에는 연서시장이라는 재래시장이 있어 나이 있으신 분들이 혼자 살기에도 불편함이 없는 편이다. 그리고 주변에 재개발아파트가 많이 진행 중이라 투룸이나 원룸에 대한 이주 수요는 충분히 있을 것이라고 판단되었다.

〈분석 물건 주변의 개발 계획〉

출처 : 네이버지도

〈경매사이트 굿옥션의 분석 물건 게시 내용〉

〈분석 물건의 주변 시세〉

 이 물건은 경매로 나온 물건이었고, 재개발 지역 바로 옆에 있으며 연신내역 메인 상권과 계속 연결되어 있어 재개발이 완료되면 상권이 더 좋아질 것이라는 생각 때문에 현장을 보러 갔다. 임대 시세는 신축 투룸 전세가 2억 4,000만 원 정도 하고, 원룸 월세는 보증금 500만 원에 45만 원 정도라고 한다. 중개업소에서는 투룸 수요가 많다고 했다. 인근 중개업소에 들러서 일반 매매로 나온 다른 물건들도 소개받았다.

	면적	3.3㎡당 단가	매매가	3.3㎡당 단가	매매가	분석	
1	138. 84	1,500	63,585	1,584	63,000	★★★	경매 감정가 7억 원
2	103.14	1,442	45,000	1,741	54,000	★★	
3	138.84	1,350	56,700	1,512	63,504	★★★	
4	149.09	1,200	54,120	1,383	62,000	★★	

(단위 : ㎡, 만 원)

다가구주택 신축 시

여러 개의 물건을 소개받고, 직접 가봤지만 경매로 나왔던 이 물건이 역과 가장 가깝고 괜찮았다. 공인중개사분은 경매로 나온 물건이 일반 매매로 나올 수 있을 것 같다며 알아봐주겠다고 했다. 얼마 후 주인이 일반 매매로 6억 원에 내놓기로 가족끼리 합의했다고 알려주었다. 그래서 가설계를 받아보기 전 건물의 종류, 건폐율과 연면적, 주차대수 등을 설정해서 수익성 분석을 해보았다.

주차 2대를 넣고, 1층에 상가를 넣어 4층으로 검토했는데, 4층까지 나오는 경우가 가장 애매한 것 같다. 엘리베이터 비용 대비해서 임대 수익이 훨씬 더 좋아지지 않기 때문이다. 원룸이 아닌 1.5룸 이상은 자금 회수를 위해 전세 임대를 많이 맞추기도 하지만, 동일한 기준에서 수익성을 비교해보기 위해 월세로 세팅해서 수익률을 비교해보았다.

1. 다중주택, 지하가 있을 경우

이 정도의 토지에 신축 시 다중주택이 가장 효율적이기는 하지만, 취사시설을 넣을 수 없다는 단점이 있다. 다음의 임대가는 개별 주방이 있다는 전제로 산정한 것이고, 실제 주방이 없다면 임대가는 낮아지기 때문에 수익률도 떨어질 것이다. 만약 지하층을 커뮤니티로 해서 공동 취사시설을 갖춘다고 가정해서 수익률을 산정해 보았다.

〈예상 임대 현황〉

층	용도	보증금	월세	관리비	보증금	월세	관리비	보증금	월세	관리비
		1호			2호			3호		
3층	다중주택	1,000	60	5	1,000	60	5	1,000	60	5
2층	다중주택	1,000	60	5	1,000	60	5	1,000	60	5
1층	다중주택	1,000	60	5	1,000	60	5	1,000	60	5
지하	다중주택	500	40	3	500	40	3	–	0	0
총 합계		3,500	220	18	3,500	220	18	3,000	180	15

(단위 : 만 원)

금액			비고
매매 가격		127,500	
리모델링 비용		–	
총 매입 경비		127,500	
보증금		10,000	
대출 원금			
실투자액		117,500	
월 수익금	이자 지출	–	
	임대료 수익	620	
	관리비 수익	51	관리비*0.6
	월 합계	671	
연 총 수익금		8,052	
연 수익률		6.85	

(단위 : 만 원)

〈신축 예상 비용〉

공사비	55,000
토지비	60,000
토공사	5,000
설계	2,500
부대 비용	5,000
총 비용	127,500

(단위 : 만 원)

2. 다중주택 지하를 공동주방으로 사용할 경우

지하를 커뮤니티시설로 만들어 공동주방으로 사용할 경우, 따로 관리를 해줘야 해서 표에 넣지는 않았지만 관리비가 추가로 든다. 하지만 지하를 주거로 사용할 수 없어 수익률은 더 낮아진다. 요즘처럼 코로나 같은 전염병 이슈가 있을 때는 서로 대면하는 것을 꺼려해서 선호도가 떨어질 수 있다. 그렇다면, 신축하지 않고 기존 주택을 리모델링한다면 어떨까?

〈예상 임대 현황〉

층	용도	보증금	월세	관리비	보증금	월세	관리비	보증금	월세	관리비
		1호			2호			3호		
3층	다중주택	1,000	60	5	1,000	60	5	1,000	60	5
2층	다중주택	1,000	60	5	1,000	60	5	1,000	60	5
1층	다중주택	1,000	60	5	1,000	60	5	1,000	60	5
지하	다중주택	–	–	–	–	–	–	–	–	–
총 합계		3,000	180	15	3,000	180	15	3,000	180	15

(단위 : 만 원)

〈신축 시 비용〉

공사비	55,000
토지비	60,000
토공사	5,000
설계	2,500
부대비용	5,000
총 비용	127,500

(단위 : 만 원)

〈신축 예상 수익률〉

	금액		비고
매매 가격		127,500	
리모델링 비용		–	
총 매입 경비		127,500	
보증금		9,000	
대출 원금			
실투자액		118,500	
월 수익금	이자 지출	–	
	임대료 수익	540	
	관리비 수익	45	관리비*0.6
	월 합계	585	
연 총 수익금		7,020	
연 수익률		5.92	

(단위 : 만 원)

3. 리모델링

리모델링하면 기존 주택의 건폐율을 활용할 수 있고, 공시지가가 낮아 종부세에 유리해서 장기간 보유하며 지가 상승을 기대해볼 수 있다. 기존의 건폐율을 활용하더라도 방을 나누는 경우에는 위법이 되므로, 신축보다는 넓은 평수의 전세 임대로 투입 자금을 회수하는 전략으로 접근해야 한다. 현재 현금 흐름이 확보되지 않으니, 지가 상승의 폭이 큰 지역으로 접근하면 좋을 것이다.

리모델링 비용은 상황마다 다르겠지만, 일반적으로 골조만 남기고 내부 벽체까지 교체 시 3.3㎡당 400~450만 원이고, 내부 벽체를 유지하면서 리모델링, 외부 리모델링을 하면 3.3㎡당 250~300만 원, 내부 리모델링, 외부 보수를 진행하면 3.3㎡당

150~200만 원 정도로 감안해서 예상 수익률을 확인해보았다.

　이 지역은 현재 바로 옆에 붙어 있는 갈현1구역이 사업시행 인가 획득까지 진행된 상태이기 때문에 관리처분 후 이주 시 재개발이 완료되는 시점인 5~6년까지 이주 수요를 받을 수 있다. 또 아파트 완공 후 아파트 출입구와 근접해서 상가 골목으로 상권이 확대될 가능성이 커 보인다. 아파트에서 중·고등학교를 통학할 때도 이 길목을 통해서 가게 된다. 하지만, 지하가 있는 건물을 장기간 보유 시 문제될 수 있는 점이 있다. 임대의 어려움뿐만 아니라, 정화조 펌프 노후로 인한 고장으로 관리에 어려움이 따르기 때문이다.

지하 활용 검토

　이 토지는 지하를 활용해서 다중주택 신축을 고민해봤던 토지이다. 이 지역은 직장인 수요가 많은 지역과 가깝고, 지하철노선 2개를 약 10분 거리에 두고 있었다. 물건은 코너에 위치해 있고 경사진 곳에 자리해 한쪽 면이 지하를 끼고 있다 보니, 이것을 활용할 수 있는 방안에 대해 고민했다. 4층부터는 일조 사선 적용을 많이 받기 때문에 엘리베이터를 넣지 않고, 지하를 낀 3층의 다중주택으로 검토했다. 몇 군데 중개업소에 들러서 원룸 수요와 임대가를 확인했다.

지하층은 바닥에서 지표면까지 평균 높이가 해당 층 높이의 1/2 이상인 것을 말하기 때문에 제일 낮은 곳과 제일 높은 곳의 차이가 3m 나면 낮은 쪽에서는 완전히 1층 같은 지하가 될 수 있다. 하지만 다중주택은 9m까지만 일조 사선을 적용받지 않기 때문에 지하가 올라온 부분만큼 각 층의 층고를 조절해서 9m로 맞춰야 한다. 또 바닥에서 지표면까지 평균 높이가 해당 층 높이의 1/2 이상이어야 하는데, 그렇지 못하면 지하로 인정받지 못해 지하 같은 1층이 될 수도 있다.

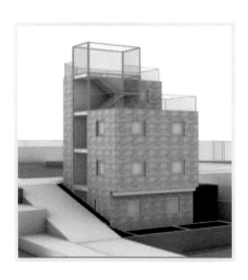

나는 인터넷사이트를 통해 가설계를 받아 보기도 했다. 이 사이트는 다중주택 가설계를 지원하지 않아 다가구주택으로 받아보았다. 어차피 지하 부분을 어떻게 처리했는지가 궁금했기 때문이다.

인터넷으로 받은 가설계는 옆집과의 단차를 그림처럼 메우기로 처리되어 있어, 실제 공사가 가능한지 여부와 공사를 진행할 경우 공사 난이도가 어떻게 되고, 시공비가 얼마나 될지 시공사에 문의해보았다. 시공사 대표는 도로변은 토류판 공법을, 북측과 우측은 부분적으로 CIP 공법을 사용해야 한다고 답변을 주셨다.

토류판 공법

엄지말뚝흙막이판 공법. 굴착 전에 엄지말뚝(H-pile)을 일정한 간격으로 근입한 후 굴착하면서 토류판(흙막이판)을 엄지말뚝 사이에 끼워넣어 흙막이벽을 지지하는 공법을 말한다.

CIP 공법

지반을 오거로 굴착하고 철근망을 삽입한 후 자갈을 충진시키고, 모르타르를 주입해서 주열벽을 형성한다. 벽체 강성은 우수하나 시공 정밀도 확보가 어려우므로 현장에서 보조 대책을 강구해야 한다.

그동안은 공사주택의 레벨과 옆집, 뒷집이 같았으므로 그 집들이 심한 민원을 제기하지 않고, 기존 레벨보다 깊게(2m 이상) 내려가지 않으면 굴토 공사 비용과 북측면 박스 되메우기는 엄청 큰 공사비 증가 요인이 아닐 수도 있다는 답변을 주셨다. 지하 공사 비용은 대략 토공사 비용 7,000~8,0000만 원 정도, 박스 골조+되메우기 공사 1,500~2,000만 원, 총 1억 원 정도로 예상했다.

다 같은 신축 부지 검토이지만, 해당 토지에 맞게 가설계를 받고 중점적으로 확인해볼 부분이 조금씩 달랐다. 모든 토지를 이렇게 세부적으로 본 것은 아니지만, 30~40건 정도의 토지를 현장 임장을 다니고 고민해보았던 것 같다.

처음에는 이 모든 일들이 어렵게 느껴지고, 알면 알수록 알아야 할 게 더 많아져서 지치기도 했다. 하지만, 내가 고민한 만큼 건물의 외형이나 수익률이 달라지고, 건물의 가치가 달라진다는 것이 매력적으로 다가왔다. 그런 과정들이 반복되어 쌓이다 보면 나만의 무기가 될 수도 있을 것이다.

누군가는 포기하고, 누군가는 멋진 무언가를 만들어낸다

스터디를 하면서도 신축 부지 검토를 계속했다. 대출이 얼마가 나오는지 듣기는 했지만, 정확하게 알 수가 없어서 내가 정한 금액대의 땅 위주로 서울 지역의 토지를 보러 다녔다. 그러나 비슷한 금액대의 땅을 찾게 되어서 조건은 늘 비슷했다. 지하철역에서 10여 분의 거리였고, 약간 비탈길을 올라가야 만날 수 있어서 또 역시나…라는 생각이 들었다.

하지만, 임장을 하던 어느 일요일 오후, 창신동과 명지대 후문 쪽의 임장을 가기로 했다. 창신동은 2군데를 가려고 했는데 한 군데는 너무 높은 비탈길에 놀라 아예 올라가보지도 못했고, 다른 한 군데는 역세권 5분으로 입지는 좋았으나 신축하기에는 애매한 조건이었다. 명지대 후문 쪽은 큰 길 안쪽으로 어느 정도 올라가니,

내가 찾고자 하는 집이 보였다. 코너 땅이기는 하지만, 주택가 안에 경사가 있는 곳이라 이런 곳에 임대를 하면 과연 잘 나갈 수 있을까 하는 생각이 들었다. 가격은 적당했지만 딱 그 가격 만큼이라는 생각이었다. 그러다 바로 건너 건너 옆집에 새로 지은 듯한 집이 보였다. 나는 짓기 어렵다고 생각한 위치에 이렇게 멋진 건물을 지은 분이 계시다는 것에 새삼 놀랐다.

비교적 저렴하게 접근할 수 있는 이 땅을 고만고만한 이유로 많은 사람들은 포기하고, 시도조차 안 할 것이다. 지금의 나처럼 말이다. 하지만, 같은 조건에서도 누군가는 포기하고, 누군가는 이런 멋진 무엇인가를 만들어낸다. 이 건물을 보니 나에게는 이런 용기와 실행력이 부족했던 것은 아니었을까 하는 생각이 들었다. 나에게 부족한 것은 자금만이 아니었던 것이다.

04

토지 계약 전에 반드시 확인해야 하는 3가지

신축 부지 토지는 아파트처럼 입지와 가격만 어느 정도 맞으면 계약할 수 있는 것이 아니라 신축과 관련해서 체크해야 할 사항이 많기 때문에 원하는 땅을 찾았다면 성급하게 계약을 서두를 수도 있다. 하지만, 토지를 계약하기 전에 반드시 확인해야 하는 일들이 있다. 첫 번째는 명도에 대한 책임소재다. 우리는 신축을 하려고 땅을 매입하는 것이기 때문에 명도 시기와 책임소재를 분명하게 하고 계약을 진행해야 한다. 경매로 매입하는 경우는 어쩔 수 없이 내가 명도를 진행해야 하지만, 일반 매매를 하는 경우에는 전 주인이 명도를 언제까지 완료하는 것으로 협의해서 계약을 진행하면 무리가 없을 것이다.

두 번째는 폐기물 처리에 대한 내용이다. 폐기물 처리를 잔금일 전까지 완료하는 것으로 계약서에 명시해야 한다. 내 경우는 신축하려고 경매받은 물건이었는데, 전 소유자의 짐이 남아 있었다. 전 소유자의 형편이 어려운 것 같아서 몇 번의 협의 끝에 필요한 것은 다 가져갈 수 있게 시간을 드리고, 나머지는 우리가 폐기하기로 했다. 이렇게 폐기물 비용을 감안할 수 있는 경우라면 문제가 되지 않겠지만, 슬레이트 공장과 같은 폐기물 처리 비용이 높은 곳을 매수하는 경우에는 사업성에 문제가 있을 수 있기 때문에 이 부분을 꼭 확인해야 한다.

세 번째는 지장물에 대한 사항이다. 지장물이란 상하수관, 전기 공동구, 가스관, 오수관, 통신사 등 기업에서 부설한 통신선(인터넷선)등을 말한다. 국가에서 만들어놓은 지장물은 각각의 유관 관청과 협의해서 진행할 수 있는데, 오래전에 개인이 매설해놓은 지장물은 처리하기 어려울 수도 있다. 지하에 매립된 지장물은 땅을 파기 전까지는 알 수 없으니, 계약서에 명시해놓으면 인접 대지의 소유자들과 협의 시 매도인의 도움을 받을 수 있다.

초보 건축주가 알아야 하는
건축법규 8가지

대부분 신축을 지으려고 하는 분들 중에는 처음에는 완성된 건물을 매입하려다 신축 짓는 것으로 관심을 돌린 분들이 많다. 나 또한 그랬다. 아파트도 좋고, 상가도 좋지만, 한 건물에서 여러 세입자에게 월세를 받는다는 것은 생각만 해도 기분 좋은 일이다. 그런데 막상 건물을 사려고 보면 정해진 수익률에 맞춰 건물이 매물로 나온다. 그런 물건을 반복해 보다 보면 직접 지으면 수익률이 얼마나 될까라는 궁금증이 생긴다. 하지만 막상 지을 수 있는 토지 매물이 많지도 않고, 그 외에도 따져야 할 것이 많기 때문에 또 다른 장벽을 만나게 된다. 그래서 기본적으로 어느 정도 집을 지을 수 있는 신축 부지에 대한 공부가 필요하다.

주택의 종류

주택은 세대의 구성원이 장기간 독립된 주거생활을 할 수 있는 구조로 된 건축물의 전부 또는 일부 및 그 부속 토지를 말한다. 단독주택과 공동주택으로 나눌 수 있다.

단독주택

단독주택이란 가정 보육시설, 공동생활가정 및 재가(在家) 노인복지시설을 포함하며, 다음의 어느 하나에 해당하는 것을 말한다.
1. 단독주택
2. 다중주택: 학생 또는 직장인 등 여러 사람이 장기간 거주할 수 있는 구조로 되어 있고, 독립된 주거의 형태가 아닌 것을 말한다. 또한 연면적이 330㎡ 이하이고, 층수가 3층 이하여야 한다.
3. 다가구주택: 공동주택에 해당하지 않으면서 주택으로 쓰는 층수(지하층은 제외)가 3개층 이하여야 한다. 다만, 1층의 전부 또는 일부를 필로티 구조로 해서 주차장으로 사용하고, 나머지 부분을 주택 외의 용도로 쓰는 경우에는 해당 층을 주택의 층수에서 제외한다. 1개 동의 주택으로 쓰는 바닥면적(지하주차장 면적은 제외)의 합계가 660㎡ 이하이고, 19세대 이하가 거주할 수 있어야 한다.
4. 공관(公館)

공동주택

공동주택이란 공동주택의 형태를 갖춘 가정 보육시설·공동생활가정 및 지역아동센터·노인복지시설 및 '주택법시행령' 제3조제1항에 따른 원룸형 주택을 포함하며, 다음의 어느 하나에 해당하는 것을 말한다.

1. 아파트: 주택으로 쓰는 층수가 5개층 이상인 주택
2. 연립주택: 주택으로 쓰는 1개 동의 바닥면적(지하주차장 면적은 제외) 합계가 660㎡를 초과하고, 층수가 4개층 이하인 주택을 말한다.
3. 다세대주택: 주택으로 쓰는 1개 동의 바닥면적(지하주차장 면적은 제외) 합계가 660㎡ 이하이고, 층수가 4개층 이하인 주택을 말한다.
4. 기숙사: 학교 또는 공장 등의 학생 또는 종업원 등을 위해서 쓰는 것으로서 공동취사 등을 할 수 있는 구조를 갖추면서 독립된 주거의 형태를 갖추지 않은 것을 말한다.

출처 : 찾기 쉬운 생활법령정보 사이트

건폐율

건폐율은 대지면적에 대한 건축면적의 비율이다. 내가 보유한 땅에서 얼마만큼의 면적으로 건축할 수 있는지를 나타낸다. 같은 40평의 땅이라도 주거지역인지 상업지역인지에 따라서 건폐율이 달라지므로 토지 가격도 차이가 많이 난다. 건폐율의 공식은 다음과 같다

건폐율 = 바닥면적 ÷ 대지면적 × 100

건축법 제55조(건축물의 건폐율) 대지면적에 대한 건축면적(대지에 건축물이 둘 이상 있는 경우에는 이들 건축면적의 합계로 한다)의 비율(이하

'건폐율'이라 한다)의 최대한도는 국토의 계획 및 이용에 관한 법률 제77조에 따른 건폐율의 기준에 따른다. 다만, 이 법에서 기준을 완화하거나 강화해서 적용하도록 규정한 경우에는 그에 따른다.

〈건폐율〉

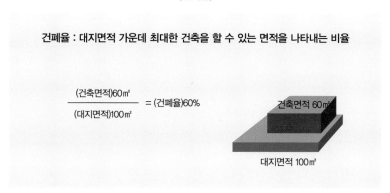

건폐율 : 대지면적 가운데 최대한 건축을 할 수 있는 면적을 나타내는 비율

$$\frac{(건축면적)60㎡}{(대지면적)100㎡} = (건폐율)60\%$$

건축면적 60㎡

대지면적 100㎡

국토의 계획 및 이용에 관한 법률 제77조(용도지역의 건폐율)

1. 도시지역

    - 주거지역: 70% 이하

    - 상업지역: 90% 이하

    - 공업지역: 70% 이하

    - 녹지지역: 20% 이하

2. 관리지역

    - 보전관리지역: 20% 이하

    - 생산관리지역: 20% 이하

    - 계획관리지역: 40% 이하

3. 농림지역: 20% 이하

4. 자연환경보전지역: 20% 이하

건폐율은 국토의 계획 및 이용에 관한 법률에는 최소 20%에서 상업지역 90% 이하로 적혀 있으나 실제로는 각 지자체별로 별도의 기준을 두고 운용하고 있기 때문에 반드시 지자체 조례를 확인해야 한다.

건축면적

건물의 외벽이나 이를 대신하는 기둥의 중심선으로 둘러싸인 부분의 수평투영면적을 말한다. 대지에 건축물이 둘 이상 있는 경우에는 이들 건축면적의 합계로 한다.

연면적

연면적은 건물의 각 층 바닥면적의 총 합계를 의미하는 것으로, 100㎡인 대지의 건폐율이 6이라면 바닥면적은 60㎡가 되고, 5층까지 건축이 가능하다면 연면적은 300㎡가 되는 것이다. 연면적이 높다는 것은 높은 건폐율과 용적률을 적용받아 보유한 토지에 최대한 넓고 높은 건축물을 지었다고 이해할 수 있다.

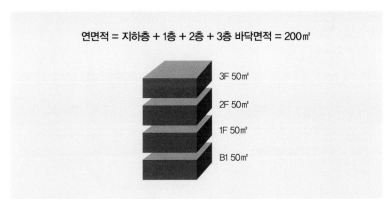

〈연면적〉

연면적 = 지하층 + 1층 + 2층 + 3층 바닥면적 = 200㎡

3F 50㎡
2F 50㎡
1F 50㎡
B1 50㎡

용적률

건폐율이 전체 땅에서 어느 정도의 땅을 사용할 수 있는지 나타내는 것이라면, 용적률은 2차 입체적으로 사용할 수 있는 땅 위로 얼마나 많이 지을 수 있는지를 알 수 있는 지표이다.

용적률 = 건축면적 ÷ 대지면적 × 100

같은 40평이라도 2종일반지역인지, 준공업지역인지에 따라 용적률 차이가 크므로 토지 차이도 많이 난다. 건폐율과 용적률이 높을수록 토지 활용도가 높아지고 그만큼 토지 가치도 높아지게 된다.

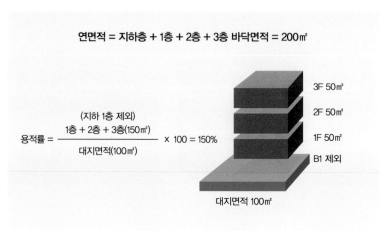

연면적 = 지하층 + 1층 + 2층 + 3층 바닥면적 = 200㎡

$$용적률 = \frac{(지하\ 1층\ 제외)}{대지면적(100㎡)} \times 100 = 150\%$$

3F 50㎡

2F 50㎡

1F 50㎡

B1 제외

대지면적 100㎡

다만, 용적률을 산정할 때는 다음에 해당하는 면적은 제외한다.

- 지하층의 면적
- 지상층의 주차용(해당 건축물의 부속 용도인 경우에만 해당)으로 쓰는 면적
- 초고층 건축물과 준초고층 건축물에 설치하는 피난안전 구역의 면적
- 건축물의 경사 지붕 아래에 설치하는 대피 공간의 면적

일조권 사선 제한

일조를 확보하기 위해 건축물의 높이를 제한하는 것으로, 전용 주거지역과 일반 주거지역 안에서 집을 지을 때 주변 건물의 일조권을 확보하기 위해 건물 높이를 제한하는 것이다. 건축물 높이가 9m 이하인 경우 인접 대지 경계선으로부터 1.5m 이상, 건축물 높이 9m 이상인 경우 해당 건축물 높이의 1/2 이상 이격해야 한다.

〈일조권 사선 제한〉

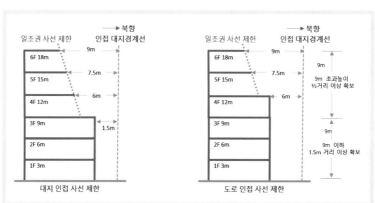

건축선

건축선은 도로와 접한 대지에 건축물을 건축할 수 있는 선이다. 통상적으로 소요너비 기준인 4m 이상 도로는 대지와 도로의 경계선으로 건축선을 정한다. 하지만 소요너비에 미달되는 도로의 건축선, 지자체장이 정하는 건축선, 도로 모퉁이의 건축선은 예외적으로 다르게 설정한다.

도로가 소요너비 기준인 4m 이상이면 다음 그림과 같이 대지와 도로의 경계선이 건축선이 된다.

〈도로가 4m 이상일 때 건축선〉

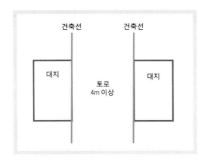

소요너비 기준인 4m에 못 미치는 도로의 경우에는 다음 그림처럼 그 중심선으로부터 그 소요너비(4m)의 1/2의 수평거리인 2m만큼 물러난 선을 건축선으로 한다.

〈도로가 4m 미만일 때 건축선〉

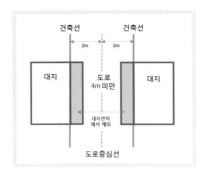

또한, 도로의 반대편에 경사지, 하천, 철도, 선로부지 등이 있는 경우에는 경사지나 하천 등이 뒤로 물러날 수 없기 때문에 그쪽 편의 도로 경계선부터 소요너비 기준인 4m를 확보하고 건축이 가능하다. 건축선 후퇴 부분은 대지면적에서 제외시켜 건폐율과 용적률을 산정하게 되어 4m 이하의 도로를 끼고 있는 대지라면 건축선 후퇴에 따라 약간의 손실이 발생할 수도 있다.

지자체장이 지정하는 건축선

특별자치도지사 또는 시장, 군수, 구청장 등 지자체장이 시가지 안에서 건축물의 위치나 환경을 정비하기 위해 필요하다고 인정하면 대통령령으로 정하는 범위에서 건축선을 따로 지정할 수 있다.

코너 건축선

건축법에 의해 너비 8m 미만인 도로의 코너에 위치한 대지의 도로 코너 부분 건축선의 경우, 그 대지에 접한 도로경계선의 교차점으로부터 도로경계선에 따라 다음의 표에 따른 거리를 각각 후퇴한 두 점을 연결한 선으로 한다. 건축선 후퇴로 인한 도로와 건축선 사이의 대지면적은 해당 대지의 대지면적 산정에서 제외된다. 용적률, 건폐율 계산에서도 건축선이 후퇴된 대지면적을 제외하고 계산해야 한다.
일반적으로 코너 땅을 매우 선호하지만, 코너 땅은 가각전제가 되는 부분이 있을 수 있으므로 이것을 감안해야 한다.

<코너의 건축선>

도로의 교차각	도로의 너비		교차하는 도로의 너비
	6m 이상 8m 미만	4m 이상 6m 미만	
90° 미만	4m	3m	6m 이상 8m 미만
	3m	2m	4m 이상 6m 미만
90° 이상 120° 미만	3m	2m	6m 이상 8m 미만
	2m	2m	4m 이상 6m 미만

<코너의 건축선 예시>

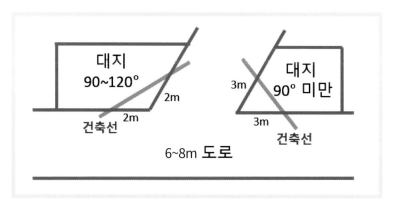

세 아이 워킹맘은 어떻게 건물주가 되었을까?

대지 안의 공지

대지 안의 공지는 인접 대지 경계선 및 건축선으로부터 일정 거리를 띄어서 건축해야 하는 규정이다. 인접 대지 경계선이나 건축선에서 건축물까지 띄어야 하는 거리를 이격거리라고 하고, 이격거리만큼의 땅은 사용하지 못하게 되는데, 이 땅을 대지 안의 공지라고 한다.

〈주택 종류에 따른 이격거리〉

내용	주택/비주택 구분	이격거리
다중주택, 다가구주택	단독주택	0.5m
다세대주택	공동주택	1m
상가, 시설	근린생활시설	0.5m

〈막다른 도로의 길이에 따른 막다른 도로의 너비〉

막다른 도로의 길이	도로의 너비
10m	2m
10m 이상 35m 미만	3m
35m	6m(도시지역이 아닌 읍·면 지역은 4m)

지형적 조건으로 차량 통행을 위한 도로의 설치가 곤란하다고 인정해 시장·군수·구청장이 그 위치를 지정·공고하는 구간 안에서는 너비가 3m 이상(길이가 10m 미만인 막다른 도로의 경우에는 너비가 2m 이상)되어야 한다.

주차

주차대수는 신축사업의 수익성과 관련된 문제이기 때문에 중요한 부분이다. 예를 들어, 다가구주택은 세대당 0.5대의 주차대수를 확보해야 한다. 그렇기 때문에 나올 수 있는 주차대수에 맞춰서 방 개수를 구상해야 한다. 그래서 기본적인 주차장법에 대해서는 알아두어야 한다.

주차장법 제19조(부설주차장의 설치·지정)

① '국토의 계획 및 이용에 관한 법률'에 따른 도시지역, 같은 법 제51조제3항에 따른 지구단위계획구역 및 지방자치단체의 조례로 정하는 관리지역에서 건축물, 골프연습장, 그 밖에 주차수요를 유발하는 시설(이하 "시설물"이라 한다)을 건축하거나 설치하려는 자는 그 시설물의 내부 또는 그 부지에 부설주차장(화물의 하역과 그 밖의 사업 수행을 위한 주차장을 포함한다. 이하 같다)을 설치해야 한다.

개정 2011. 4. 14

〈부설주차장의 설치대상 시설물 종류 및 설치기준(제6조제1항 관련)〉

시설물	설치기준
1. 위락시설	• 시설면적 100㎡당 1대(시설면적/100㎡)
2. 문화 및 집회시설(관람장은 제외한다), 종교시설, 판매시설, 운수시설, 의료시설(정신병원·요양병원 및 격리병원은 제외한다), 운동시설(골프장·골프연습장 및 옥외수영장은 제외한다), 업무시설(외국공관 및 오피스텔은 제외한다), 방송통신시설 중 방송국, 장례식장	• 시설면적 150㎡당 1대(시설면적/150㎡)

시설물	설치기준
3. 제1종근린생활시설['건축법 시행령' 별표1 제3호 바목 및 사목(공중화장실, 대피소, 지역아동센터는 제외한다)은 제외한다], 제2종근린생활시설, 숙박시설	• 시설면적 200㎡당 1대(시설면적/200㎡)
4. 단독주택(다가구주택은 제외한다)	• 시설면적 50㎡ 초과 150㎡ 이하 : 1대 • 시설면적 150㎡ 초과 : 1대에 150㎡를 초과하는 100㎡당 1대를 더한 대수[1+{(시설면적-150㎡)/100㎡}]
5. 다가구주택, 공동주택(기숙사는 제외한다), 업무시설 중 오피스텔	• 주택건설기준 등에 관한 규정 제27조제1항에 따라 산정된 주차대수. 이 경우 다가구주택 및 오피스텔의 전용면적은 공동주택의 전용면적 산정 방법을 따른다.
6. 골프장, 골프연습장, 옥외수영장, 관람장	• 골프장 : 1홀당 10대(홀의 수×10) • 골프연습장 : 1타석당 1대(타석의 수×1) • 옥외수영장 : 정원 15명당 1대(정원/15명) • 관람장 : 정원 100명당 1대(정원/100명)
7. 수련시설, 공장(아파트형은 제외), 발전시설	• 시설면적 350㎡당 1대(시설면적/350㎡)
8. 창고시설	• 시설면적 400㎡당 1대(시설면적/400㎡)
9. 학생용 기숙사	• 시설면적 400㎡당 1대(시설면적/400㎡)
10. 그 밖의 건축물	• 시설면적 300㎡당 1대(시설면적/300㎡)

건축주가 알아야 하는 주차장법은 다음과 같다.

〈주차장의 규격〉

구분	너비	길이
경 형	2.0m	3.6m
일반형	2.5m	5.0m
확장형	2.6m	5.2m
장애인전용	3.3m	5.0m
이륜자동차전용	1.0m	2.3m

〈평행주차 시 규격〉

구분	너비	길이
경형	1.7m	4.5m
일반형	2.0m	6.0m
보차도 구분 없는 주거지역	2.0m	5.0m
이륜자동차전용	1.0m	2.3m

〈주차단위구획과 접한 차로 폭〉

주차 형식	차로 너비
평행주차	3.0m
직각주차	6.0m
60도 대향주차	4.0m
45도 대향주차	3.5m
교차주차	3.5m

주차장법 제11조(부설주차장의 구조·설비기준)

① 법 제6조제1항에 따른 부설주차장의 구조·설비기준에 대해서는 제 5조제6호 및 제7호와 제6조제1항제1호부터 제8호까지 제10호·제12 호·제13호 및 같은 조 제7항을 준용한다. 다만, 단독주택 및 다세대주 택으로서 해당 부설주차장을 이용하는 차량의 소통에 지장을 주지 아 니한다고 시장·군수 또는 구청장이 인정하는 주택의 부설주차장의 경 우에는 그러하지 아니하다. (…중략)

⑤ 부설주차장의 총 주차대수 규모가 8대 이하인 자주식 주차장의 구 조 및 설비기준은 제1항 본문에도 불구하고 다음 각 호에 따른다. (…

중략)

2. 보도와 차도의 구분이 없는 너비 12미터 미만의 도로에 접해서 있는 부설주차장은 그 도로를 차로로 해서 주차단위구획을 배치할 수 있다. 이 경우 차로의 너비는 도로를 포함해서 6미터 이상(평행주차 형식인 경우에는 도로를 포함해서 4미터 이상)으로 하며, 도로의 포함 범위는 중앙선까지로 하되, 중앙선이 없는 경우에는 도로 반대쪽 경계선까지로 한다.

3. 보도와 차도의 구분이 있는 12미터 이상의 도로에 접해서 있고 주차대수가 5대 이하인 부설주차장은 그 주차장의 이용에 지장이 없는 경우만 그 도로를 차로로 해서 직각주차 형식으로 주차단위구획을 배치할 수 있다.

4. 주차대수 5대 이하의 주차단위구획은 차로를 기준으로 해서 세로로 2대까지 접해서 배치할 수 있다.

5. 출입구의 너비는 3미터 이상으로 한다. 다만, 막다른 도로에 접해서 있는 부설주차장으로서 시장·군수 또는 구청장이 차량의 소통에 지장이 없다고 인정하는 경우에는 2.5미터 이상으로 할 수 있다.

6. 보행인의 통행로가 필요한 경우에는 시설물과 주차단위구획 사이에 0.5미터 이상의 거리를 두어야 한다.
⑥ 제1항 및 제5항에 따라 도로를 차로로 해서 설치한 부설주차장의 경우 도로와 주차구획선 사이에는 담장 등 주차장의 이용을 곤란하게 하는 장애물을 설치할 수 없다.

6장
다가구주택
신축 실전

01

설계사무소
선정하기

처음 원하는 토지를 발견하면 직접 방 개수와 주차대수를 산정해서 임대 세대와 수익률을 산정할 수 있다고 해도 반드시 가설계를 먼저 받아보아야 한다. 해당 물건의 인근에서 가설계를 받으면 그 지역 관공서 분위기나 그 지역의 건축규정을 잘 알고 있기 때문에 유리한 점이 있다. 그리고 내가 지으려는 건물과 비슷한 형태의 건물 설계 경험이 많은 건축사를 선정하는 것도 중요하다. 예를 들어, 주로 큰 건물 위주로 설계를 했던 건축사는 소규모 주택에 대한 아이디어가 적을 수 있기 때문에 소규모 주택을 지으려면 그런 주택설계를 많이 해본 설계사를 선정하는 것이 좋다. 주변 현장에서 마음에 드는 곳이 있다면 안전작업현황판에 적어놓은 설계사무소에 연락해서 알아볼 수도 있다. 가설계로 토지 검토를 받으면서 여러 설계사의 건축사를 만나보고, 내가 지으려는 건물과 가장 일치하는 건물을 설계해준 곳을 알아볼 수 있으며 나와 성향이 맞는 곳을 찾을 수 있다.

가설계는 보통 비용을 받지 않거나, 저렴하게 해주다 보니 법적인 부분을 디테일하게 감안하지 않고 해주는 경우가 있는데, 가설계는 토지 매입 여부 결정에 중요한 역할을 하기 때문에 조금 비용을 많이 지불하더라도 신뢰감 있게 검토해주는 곳에서 받는 것이 중요하다. 가설계에서 법적인 부분의 검토는 건축사 입장에서는 많은 에너지가 소요되는데, 가설계만 받고 본설계를 의뢰하지 않는 경우가 많아 가설계를 하지 않는 건축사도 많이 있다. 그러나 최대한 많은 곳에 전화를 해보고 여러 곳에서 가설계를 받으면 시간과 비용이 소요되더라도 설계 시 아이디어와 많은 도움을 받을 수 있다.

실제로 나는 국내 유명 건축회사 출신의 건축사에게 다른 토지로 각각 2번의 토지 검토를 받아보았다. 회사의 방향이나 설계사의 일하는 태도는 매우 마음에 들어 함께 일하고 싶었지만, 두 번 다 수익성이 너무 떨어지는 가설계를 제시했다. 설계 경험은 많지만, 주로 큰 건물들을 해서인지 소규모 건축물과는 조금 안 맞았을 수도 있었던 것 같다. 한 건축사의 말만 믿지 말고, 여러 군데에서 받아(최소 3~4군데) 법적인 부분을 충분히 인지하고 원하는 건물이 나올 수 있는지 본인이 판단해서 토지 구매를 결정해야 한다.

앞에 언급했던 건축회사 외에도 2군데 더 가설계를 의뢰했는데, 한 군데는 단독주택으로 설계를 뽑아주고, 나중에 방을 나누면 된다고 아무렇지도 않게 이야기했다. 나는 그것이 위법인 것을 알고 있었지만, 혹시 모르는 분이 그렇게 해서 수익률이 나오는 줄 알고 땅을 구입했다가 나중에 위법인 줄 알게 된다면 큰 낭패가 아닐 수 없다. 또 한 군데는 수익률이 떨어지더라도 다가구주택으로 해달라고 요청드렸는데, 단독주택으로 지어 셰어하우스를 운영하는 것으로 가설계를 가져오셨다. 셰어하우스는 단순 임대와는 매우 다른 개념이니 가설계를 받을 때 본인의 건축 목적을 분명히 하는 것이 좋겠다.

나의 경우 잔금을 낸 시점이 12월 중순이었고, 설계를 받고 건축허가를 받으면 2월 말이나 3월 정도에는 착공이 들어가기 때문에 가장 좋을 때 공사를 시작할 수 있었다. 보통 공사는 구정 이후나 추석 이후에 많이 시작한다. 겨울에 콘크리트 타설 등 물과 관련된 공사를 하게 되면 히터로 말리며 작업할 수 있다고 하지만, 건물에 결로가 생기는 등 하자가 발생할 수 있다.

가설계를 받다 보면 내가 원하는 건물을 가장 잘 구현해주고 소통이 잘되는 설계사가 어느 정도 정해지기 때문에 그중에서 결정하게 된다. 그리고 다음의 부분들을 꼭 체크한다.

- 법적인 부분에 대한 세밀한 체크
- 수익성에 대한 부분 인지
- 감각적인 부분
- 설계비용

설계비용은 단순 설계비용뿐 아니라, 부차적인 비용도 고려해야 한다. 설계계약뿐만 아니라, 설계의도구현계약, 건축감리, 구조 감리(필로티 구조)가 들어간다. 각각의 비용은 크지 않지만, 이 비용 도 다 더하면 1,000만 원 정도의 비용이 소요된다.

건축사와의 미팅 시 본인의 의견을 적극적으로 표현하다 보면 1 차, 2차… 회의를 거쳐 좀 더 나은 도면이 완성되어간다. 전문가인 건축사에게 일반인이 의견을 내기는 어렵다. 당연히 건축사가 다 알아서 하겠지 하는 생각이 들 수도 있지만, 이 과정을 단순히 집 을 짓는 과정 외에 나도 배워나가는 과정이라고 생각한다면 적극적 으로 내가 생각하는 부분을 이야기하고, 이것이 실현 가능한지 여 부를 확인해보는 것도 좋다. 이 과정에서 나 스스로도 많이 성장하 기 때문이다. 물론 건축사들은 본인의 전문분야에 대해 건축주가 요구하는 것을 귀찮아 할 수 있지만, 이 단계가 아니면 수정해서 지 을 수 있는 것도 아니기 때문에 설계부분에서 끊임없이 많이 생각 하고, 보완할 필요가 있다고 생각한다. 건축주가 그렇게 계속 물어 보고, 고민하다 보면 건축사도 좀 더 설계를 꼼꼼하게 검토하고, 설 계가 시작된 이후에도 더 잘 나올 수 있는 방안이 없는지 신경을 더 써줄 수 있다.

시공사 선정하기

〈최종 결정한 시공사의 건물〉

　　도면이 어느 정도 나왔으니, 이제 시공사를 정해야 했다. 시공

사를 정할 때는 무엇을 먼저 체크해야 할까? 일단, 내가 신축하고

자 하는 지역과 가까운 곳을 정하면 여러 가지 장점이 있다. 시공사가 조금 더 신경을 써줄 수 있고, 준공 후 AS도 신속히 이루어질 수 있기 때문이다. 대한건설협회에 들어가 내가 지으려는 지역에 내가 지으려는 건물의 실적이 많은 시공사를 찾아보자.

대한건설협회(www.cak.or.kr) 〉 업체정보 〉 건설업체 검색 — 내가 원하는 지역, 종목 설정(예 : 광진구, 다가구주택 등)

실적, 자본금 등을 확인하고, 시공사의 홈페이지나 블로그 등이 있다면 참고해보자. 그리고 선정한 몇 군데와 전화 통화해서 약속을 잡는데, 이런 과정에서도 시공사의 태도를 느낄 수 있어서 도움이 된다. 시공사와의 미팅은 가급적 시공사 사무실에서 하는 것이 좋다. 회사 분위기나 조직 구성 등을 알 수 있고, 허가사항이나 현재 진행하고 있는 일에 대한 정보도 쉽게 느껴지기 때문이다. 그리고 지명원을 요청해서 공사실적(내가 짓고자 하는 형태의 주택에 대한 실적), 해당 시공사 건축주택 이미지 등을 확인하고, 실제 지은 건물을 방문해본다. 내부까지 볼 수 있다면 가장 좋겠지만, 내부를 볼 수 없는 상황이라면 외부라도 확인해본다.

한번은 시공사가 지은 주택을 찾아갔는데, 실제 거주하고 있는 건축주를 만날 수 있었다. 외부만 보려고 했는데 친절하게 집 내부까지 보여주셔서 시공사가 지은 건물을 확실하게 볼 수 있었고, 신축할 때 고민했던 점들에 대한 이야기도 들을 수 있었다.

여기까지 진행하는 과정에서도 마음속에서 각각의 시공사에 대한 점수가 매겨질 것이다. 나는 지인이 신축을 진행했던 1곳, 스터디를 함께하는 분들에게 소개받은 2곳, 그리고 동네를 다니며 알아본 1곳, 총 4곳의 시공사를 만나려고 했으나, 1곳은 만나기도 전에 그곳에서 지은 건물에 대해 안 좋은 이야기를 듣고 무산되었다. 그래서 그곳은 일단 제쳐두고 대한건설협회를 통해 몇 군데 더 선정했다.

시공사들을 만나 미팅하면서 지명원도 확인해보고, 해당 업체의 건축물도 확인했다면 이제 단가를 비교해보며 입찰해야 한다. 입찰은 평당 단가로 입찰하는 방법과 내역서 입찰을 하는 2가지 방법이 있다. 평당 단가 입찰은 말 그대로 평당 단가를 비교해서 시공업체를 선정하는 것이고, 내역서 입찰은 건축주가 원하는 자재와 사양을 작성해서 품목만 제시하고 업체에 개수와 가격을 받아 비교하는 것이다. 하지만, 내역서 자체에 빠진 것이 있을 수도 있으니 특약계약서를 별도로 작성해서 '내역서는 참고용이고, 도면에 있는 공사는 모두 진행한다'는 내용을 꼭 넣어야 한다.

내역서를 받으려면 설계사무소에 별도의 비용을 주고 의뢰해야 하는데, 초보자는 완벽한 내역서를 판별할 수도 없기 때문에 그것을 통해서 입찰을 받기는 쉽지 않은 것 같다. 그래서 나는 평당 단가 입찰로 했지만, 내역들을 비교해보며 현실적으로 단가를 잘 반영하고, 내용을 충실하게 적은 업체를 선정했다. 물론 해당 업체가 시공한 건물도 많이 보러 다녔다. 그리고 그 업체를 최우선 협상 대상자로 선정하고 내가 원하는 조건들을 요구하며 맞춰나갔다. 대부분의 요구 조건을 최우선 협상 대상자로 선정된 시공사에서 다 받아들여주었으나, 지체 보상금 부분은 수정을 요구하셨다. 통상 지체상금율은 1/1000이나 3/1000으로 비율을 정하는데, 준공일보다 지연되면 지연된 1일에 남은 공사금액의 1/1000이나 3/1000의 금액을 현금으로 건축주에게 보상한다는 뜻이다. 나는 3/1000을 요구했는데, 시공사에서는 1/1000로 해줄 것을 요청해서 시공사 입장도 이해되어 그 부분을 받아들이고, 그 업체로 결정했다.

물론 이 과정들이 말처럼 쉽지만은 않다. 감정적인 부분이 얽히기도 하기 때문이다. 하지만 내가 가장 중요하게 생각하는 것을 우선순위를 정해서 협상한다면 충분히 원하는 결과를 얻을 수 있을 것이다. 가장 신뢰감을 갖고 협상을 진행 중인 시공사였지만, 막상 계약서를 받아 민간표준계약서와 비교해보니 건축주에게 유리한 문구는 거의 다 빠져 있었다. 이러니 건축주는 계약을 하는 순간 철저하게 '을'도 아닌 '정'이 될 수밖에 없다는 것을 느꼈다.

물론 시공사가 나쁜 마음으로 그렇게 하지는 않았을 거라고 생각한다. 하지만 이것은 내가 일방적으로 요구하는 것이 아닌 법제처에서 올린 표준도급계약서였기 때문에 나도 그냥 넘어갈 수는 없었다. 그래서 조심스럽게 시공사에 말했고, 표준도급계약서에 빠져 있는 부분들을 다른 색으로 표시해서 메일로 송부했다. 그리고 표준도급계약서를 기준으로 내가 원하는 세부적인 특약계약서를 별도로 작성해서 계약서에 도장을 찍었다.

그렇게 낙찰을 받고 나서 6개월간의 긴 여정이 시작되었고, 그 중에서 이제 한 걸음 내딛을 수 있게 되었다.

03

대출,
과연 얼마나 될까

    신축을 진행하면서 가장 고민이었던 것은 이 금액을 가지고 과연 서울에 집을 지을 수 있을까 하는 것이었다. 누군가는 된다고 하고, 누군가는 그 금액으로 무슨 서울에 집을 짓느냐고 했다. 개인의 상황이나 신용 상태와 그 시기의 정책에 따라 다르지만, 한번 해보면 알 수 있는 것들이다. 하지만 직접 해보지 않으면 알 수 없는 것이기 때문에 이런 정보들을 가지고 무슨 큰 비법을 알고 있는 것처럼 비용을 요구하는 업자들도 많이 있다.

    마음에 드는 토지를 발견했다면 해당 토지로 직접 1금융권, 2금융권에 전화해보자. 물론 같은 금융기관이라도 공격적으로 대출을 실행하는 곳과 보수적으로 대출을 실행하는 곳이 있다. 몇 군데만 전화해보면 감을 잡을 수 있고, 시공사에서도 자주 거래하는 금융기관이 있어서 소개를 받을 수 있다. 또 경우에 따라서는 신축할 토지 외에 추가 담보를 설정하면 대출을 더 해주는 은행도 있다. 1

금융권과 2금융권 등 다양하게 통화를 하다 보면 보다 좋은 조건과 어떤 토지를 골라야 은행 대출을 잘 받을 수 있는지, 어떤 서류들을 챙겨야 하는지 알 수 있다. 대출을 받으려면 사업계획서를 제출해야 하는데, 사업성이 너무 없어 보이면 은행에서도 위험이 크기 때문에 대출해주기가 어렵다.

일단은 대출이 얼마가 나오는지 대충은 알아야 사업을 시도할 수 있다. 마음에 두고 있는 토지가 있다면 그 토지로 대출을 문의해보자. 나의 경우 경매로 토지를 구입했는데, 낙찰받기 전 은행에 대출 가능 금액을 물어보니 낙찰을 받고 나서 물어보라는 답변을 받았다. 하지만 대출이 내가 원하는 만큼 나오지 않으면 낙찰을 받을 수 없다고 했더니, 대략의 금액을 알려주었는데 실제 낙찰을 받고 의뢰했을 때 거의 그 금액과 비슷했다. 처음 전화기를 들기는 어렵지만, 그 한 번의 통화로 인해 많은 것을 얻을 수 있을 것이다.

시기에 따라서도 은행원들의 태도는 사뭇 다르다. 대출 실적이 많이 필요할 때는 같은 조건임에도 상당히 적극적이고, 요즘처럼 불확실한 시점에서는 은행들도 보수적으로 접근하려고 한다. 상처받지 말고, 최대한 많은 곳을 접촉해보자.

나는 경매로 서울의 단독주택을 매입했고, 서울에 다른 주택이 있었기 때문에 40%만 대출을 받았다. 하지만 멸실 후 2금융권에서 토지대출로 76%를 받고, 기성대출을 50% 받았다. 기성금의 30%는 전세를 맞춘 후 지급하는 것으로 시공사와 계약했기 때문에 80%까지 받을 수 있었지만, 50%만 받은 것이다. 내가 받은 2금융권은 기성금액 약정수수료가 0.5%이고, 토지대출에 대해서는 중도 상환수수료가 2%, 화재보험 가입금액이 140만 원 정도 발생했다. 완공 후에도 신축 주택 감정평가와 방 공제 후 다시 대출을 받아도 되고, 토지대출 연장만도 가능했다. 1금융권은 완공 후 감평해서 다시 대출 시에도 3년에 10%씩 갚아야 하는 조건이었고, 금리를 더 낮게 받으려면 살고 있는 집이나 다른 물건의 추가 담보를 요구했다.

또 법인 물건이라면 건물에서 나오는 임대료로 이자와 원리금 분할 상환이 가능한 구조여야 한다. 대출 금액이 커서 금리를 최소로 하려는 경우에는 가능하다면 1금융권에서 받는 것이 훨씬 유리할 것이다. 하지만 나는 이 신축사업과 동시에 다른 투자를 할 수도 있다고 생각해서 자본이 최소로 들어가는 것을 우선에 두어 2금융권에서 대출을 받았다.

대출은 시기와 금융사, 개인의 조건마다 다르기 때문에 신축사업을 시작하기 전 반드시 다시 확인해야 한다. 기성대출은 공사가 진행됨에 따라 시행사와 계약한 대로 공사가 완료되면 감리의 공정확인서를 받아 은행에 제출하면 공정완료를 확인하고 은행에서 시공사로 입금해준다.

공사 중에 이것만은
확인하자

미리 알아두면 좋은 건축 용어

비계(아시바)

가설 발판이나 시설물 유지 관리를 위해 사람이나 장비, 자재 등을 올려 작업할 수 있도록 임시로 설치한 가설물이다. 비계가 설치되면 작업 인력들이 재료를 운반하거나 작업 발판 및 통로로 사용할 수 있다. 철거공사 시 분진방지막을 설치하기 위해 사용되다가 철거가 끝나면 해제 후 2층 기둥과 2층 바닥철근 콘크리트 공사를 할 때 다시 설치된다.

거푸집(형틀)

콘크리트 구조물을 일정한 형태나 크기로 만들기 위해서 굳지 않은 콘크리트를 부어 넣어 원하는 강도에 도달할 때까지 양생 및 지지하는 가설 구조물이다. 형틀이라고도 한다.

건축물의 기초, 지정공사 터파기

구축 철거가 끝나면 폐기물을 반출하고, 건축물의 기초를 구축하기 위한 지정공사가 시작된다. 지정공사는 터파기, 잡석 다짐, 버림콘크리트 순서로 진행되고, 그중에서 지면의 흙을 파내는 첫 번째 과정을 터파기라고 한다. 설계도면대로 깊이를 산정하며 보통 700~800mm 정도로 한다. 이때 발생하는 토사는 일부는 반출하고 일부는 되메우기에 쓰인다. 서울 사대문 안은 시굴조사가 되어야 건축이 가능하고, 시굴조사 후 조금 더 땅속을 확인해야 한다는 결론이 내려지면 발굴조사까지 해야 하는 상황이 발생할 수 있다.

지면을 평평하고 단단하게 다지기 위해 잡석을 다지는 것을 잡석다짐이라고 한다. 그 위에 PE필름을 깔고, 단열재 시공을 하게 된다. PE필름은 습기 차단이 목적이고, 단열재는 말 그대로 단열이 목적이다. 해당 도면을 확인해보면 내가 사용한 단열재를 확인할 수 있다.

〈터파기〉　　　　　　　　〈PE필름, 단열재 시공 및 정화조 설치〉

　　잡석 다짐 후에는 60~100mm 정도로 콘크리트 타설(콘크리트를 부어 시공)을 해서 지면을 평탄하게 하는 작업을 진행한다.

〈지면 평탄화 작업〉

　　건물의 정확한 모양과 위치를 잡기 위해 먹줄을 치는데 이것은 매우 중요한 작업이라 반드시 숙련자가 해야 하고, 건축주도 확인을 해보면 좋다. 다음 사진을 보면 먹줄이 보이고 레벨측량 기구가 보인다. 레벨측량은 과업구간의 지반고뿐만 아니라 구조물의 높이를 사람의 육안으로 확인하고 계획하는 장비로써 측량 부분에서 매우 기본적인 역할을 한다. 레벨측량을 통해 수평이 맞는지, 어느 쪽이 더 높고, 낮은지를 확인해가면서 작업을 해야 한다.

〈레벨측량과 먹줄 작업〉

버림콘크리트 위에 기초 철근을 배치하고, 사방 바깥쪽에는 거푸집을 설치해 기초 콘크리트 타설을 한다. 이때 진동기(바이브레이터)를 이용해 콘크리트가 빈틈없이 타설될 수 있도록 한다. 타설 후 2~3일 정도 콘크리트 양생을 한다. 하절기의 경우 수분 증발이 크기 때문에 물을 뿌려 균열을 방지한다. 동절기에는 2℃ 이하가 되지 않도록 온도를 유지해 부피 팽창을 방지한다. 기초 콘크리트가 양생이 되면 지표보다 깊게 파진 곳을 되메우기 하고, 건축물이 올라갈 위치에 먹줄치기를 한다. 철근 배치를 하고 거푸집을 설치해서 2층 바닥 부분의 목공사가 진행된다. 단열재와 기초 철근 시공후 콘크리트를 타설하면 1층 구조가 완성되고, 2층 골조공사가 시작된다. 골조가 올라갈 때마다 비계 및 안전망 등을 설치해 안전하고 원활한 공사가 가능하도록 한다.

근생의 구조는 단순해서 기둥과 보를 세우지만, 주택은 벽체를 세우고 방, 거실, 부엌, 화장실 등 구조도 복잡하고 달라서 주택으로 건축되는 층은 상가보다 더 신경을 써야 한다.

철근 콘크리트 공사

1층 바닥~2층 바닥

다음 그림에서 A는 바닥에서 위로 올라가는 전기배관이다. 이것은 콘센트 등의 전기배선용이다. 골조공사 시에 매립되어야 한다. B는 전동기의 힘으로 톱날을 회전시키거나 왕복운동하게 하며 목재를 자르고 켜는 톱으로 안전사고에 유의해야 한다.

　동바리는 비계의 기둥이나 지보공의 지주 밑에 설치해서 비계 기둥 또는 지주 사오 간격을 유지하고, 기둥 밑의 움직임을 방지하는 목적의 수평 연결재를 말한다. 또, 동바리는 수평력이 특정한 지주에 집중되지 않도록 각 지주에 분산시키기 위해 꼭 필요하다. 1층 기둥 및 2층 바닥 철근 콘크리트 공사를 할 때 설치되었다가 철근 콘크리트 공사가 완료되면 해제되는데, 1층은 하중을 가장 많이 받으므로 1층 동바리는 충분한 시간을 두고 제거하는 것이 좋다.

〈2층 바닥공사〉

　　보(Beam)는 수직재의 기둥에 연결되어 하중을 지탱하고 있는 수
평 구조부재이다. 축에 직각 방향의 힘을 받아 주로 휨에 의해 하중
을 지탱하는 것이 특징이다. 지지 방법에 따라 양단 지지의 단순보,
중간에 받침점을 만드는 연속보, 연속보의 중간을 핀(Pin)으로 연결
한 게르버보, 양단을 고정한 고정보, 고정보의 일단을 해방한 캔틸
레버보 등이 있다.

〈2층 바닥공사〉

　오수관은 건물 내 및 그 부지 내에서 오수를 배제하는 관으로 잡배수관과 구별할 때 사용한다. 또 하수도에서는 빗물배수관과 구별할 때 사용한다.

〈오수관 설치〉

철근 콘크리트조에서 계단은 형틀 목수가 계단참을 중심으로 좌우를 나누어 형성시킨다. 계단을 만들기 위해서는 위가 뚫려 있고, 사면이 형성된 벽체에 철근을 엮기 위해서 사시낑이라고 하는 삽근을 위한 철근 타공을 하고 이음근을 엮어내며, 목공 거푸집을 통해 계단의 슬로프를 갖춘 후 배근하고 다시 디딤판 부분을 구성한 후 콘크리트 타설을 한다. 거푸집을 제거하고 나면 다음의 우측 사진처럼 된다.

〈계단 만들기 작업〉

〈스페이서〉

스페이서(Spacer)는 철근 콘크리트의 기둥·보 등의 철근에 대한 콘크리트 피복 두께를 정확하게 유지하기 위한 받침이다. 모르타르제·플라스틱제의 것 등이 있다.

〈콘크리트 타설〉

레미콘은 시멘트와 골재 등을 공장에서 미리 배합해서 현장으로 운반해서 타설하는 콘크리트이다. 콘크리트 제조 공장에서 아직 굳지 않은 상태로 차에 실어 그 속에서 뒤섞으며 (콘크리트)믹서차, 트럭믹서 또는 애지테이저로 부르는 전용 트럭으로 운반한다. 배합 공장에서 재료를 정확하게 계량하고 배합하기 때문에 현장에서 인력 등으로 배합할 때보다 정확한 품질을 얻을 수 있다. 한 대당 6루베의 레미콘을 적재한다.

〈2층 바닥공사〉

거푸집은 콘크리트 구조물을 일정한 형태나 크기로 만들기 위해서 굳지 않은 콘크리트를 부어 넣어 원하는 강도에 도달할 때까지 양생 및 지지하는 가설 구조물로, 형틀이라고도 한다. 콘크리트, 철근과 더불어 토목, 건축 공사에서 매우 중요한 요소이다. 일반적으로 콘크리트 거푸집용 합판을 사용하고, 공사에 따라 경질섬유판, 합성수지, 알루미늄 패널, 강판 등을 쓰기도 한다.

〈이음 철근〉

이음철근(사시깡)은 기둥 또는 옹벽을 설치할 때 바닥에 위치한 철근 간의 연속성을 위해서 미리 뽑아놓은 철근이다.

〈자바라를 통한 레미콘 타설 작업〉

　　자바라는 레미콘 타설 시 작업자가 유동적으로 타설할 수 있도
록 만든 배관이다.

〈건물 실내와 외기가 접하는 부분의 단열재〉

단열재는 건물 실내와 외기가 접하는 부분에 단열을 위해서 설치한다. 두께는 법으로 정해져 있고, 사용승인 신청 접수 시에 시험성적서와 납품확인서를 유관부서에 제출해야 하므로 꼼꼼히 챙겨야 한다.

〈공사장에서의 펌프카〉

펌프카는 공사장에서 쉽게 볼 수 있는 차량으로 시멘트나 콘크리트를 부어 넣으면 압력을 이용해서 고층에 시멘트나 콘크리트 타설을 할 수 있게 해주는 차량이다. 길기 때문에 높은 곳도 타설할 수 있고, 리모컨으로 조종할 수 있지만, 정확한 곳에 뿌리기 위해, 끝의 호스를 사람이 잡아줘야 한다. 보통 펼칠 수 있는 붐대의 길이로 규격이 나뉘고 거기서 더 들어가서 콘크리트를 쏘아 보내는 방식에 따라 두 가지로 나뉘는데, 마주보는 두 개의 철제 롤러가 콘크리트가 들어찬 고무관을 쥐어짜는 식으로 콘크리트를 쏘아 보내는 '짤순이'라고 하는 차량과 이름 그대로 펌프를 사용해서 쏘아 보내

는 '펌프카'가 있다. 짤순이 차량은 대량의 콘크리트를 지속적으로
쏘아 보내기에는 무리가 있어 일반 주택이나 소규모 공사에 주로
사용되며, 펌프카의 경우 대량의 콘크리트를 타설하는 토목 현장에
서 주로 쓰인다.

〈2층 바닥공사〉

　　단열재를 깔고 거푸집 설치 후 콘크리트 타설을 한다. 양생 후
비어 있는 공간을 흙으로 되메우기작업을 하고, 먹줄을 친다. 그
리고 철근배근과 목수작업을 한다. 이 작업이 진행될 때 건축주는
배관의 위치(오수, 우수 등), 전기 배전반의 위치, 전기 콘센트의 위
치, 창문의 높이 및 크기, 창틀의 철근 보강 등이 제대로 되어 있는
지 확인한다. 거푸집 작업이 완료되면 콘크리트 타설을 한다. 레미

콘 타설 시에는 끊지 않고 한 번에 하는 것이 중요하다. 추후 크랙 (Crack), 누수 등 부실공사의 원인이 될 수 있다.

거푸집이 완성되면 콘크리트 타설을 시작하고, 2층 비계를 설치한다. 2층 바닥 콘크리트 양생이 완료되면 먹매김을 하고, 2층 형틀과 벽체 작업을 한다.

2층 바닥~3층 바닥

2층 천장·슬래브 공사를 한 후에는 3층 기둥을 위한 철근을 뽑고, 3층 바닥 철근공사를 한다. 이때 각종 배관, 전기선, 전기 배전반, 전기 콘센트 등의 위치가 제대로 되어 있는지 확인하고, 콘크리트 타설에 들어간다. 타설 후 2~3일 정도 양생 후 3층 바닥 먹줄치기를 한다. 주택은 기둥 대신 벽이 올라가므로 벽 철근작업을 하고, 거푸집을 설치한다. 3층 벽 거푸집을 설치했다면 3층 천장·슬래브 (4층 바닥) 공사를 한 후 4층 바닥 철근작업을 한다.

〈2층 바닥공사〉

하이드로크레인은 기계 유압장치에서 발생시킨 힘을 통해 화물을 운반하는 크레인이다.

〈2층 바닥공사〉

현장에서 자재정리가 중요한데, 자재가 정리되어 있어 있지 않으면 안전사고의 위험이 있을 뿐 아니라, 작업효율도 떨어진다.

〈슬래브배근〉

슬래브배근은 나중에 거실 바닥이 되는 부분으로 레미콘 타설 전에는 이러한 모습이다.

〈콘크리트 타설 전 창문〉

사진에서 뚫려 있는 부분이 콘크리트 타설한 후 거푸집을 제거하면 창문자리가 된다.

〈전기박스〉

초록색 사각형 모양
이 전기박스이다.

〈장비 반입구〉

공사용 자재를 반입
할 수 있는 장비 반입구
이다.

3층 바닥~4층 바닥

3층 천장·슬래브(4층 바닥) 공사를 한 후 4층 바닥 철근 작업을 하고 콘크리트를 타설한다. 4층 바닥 콘크리트 양생이 완료되었으면 구조와 설계에 맞춰 다시 먹줄치기를 하고, 철근 작업과 형틀 작업 후 4층 천장·슬래브(5층 바닥) 공사를 한다. 그리고 5층 바닥 철근 작업 후 콘크리트를 타설한다.

〈3층 기둥작업〉

4층 바닥~5층 바닥

〈4층 바닥과 기둥공사〉

5층 바닥~옥탑 바닥

경사지붕(고야지붕)은 건물 최상부 지붕으로 작업자들이 기피하는 공사이다. 공사 난이도가 높고 품이 많이 들어가기 때문이다.

〈5층 기둥 및 벽체 세우기〉

벽체에 창문을 만들기 위해서 철근 배근을 하기 전에 미리 합판으로 창문 모양을 만들어서 매립한다.

〈5층 공사 현장〉

사진에서 표시한 부분은 전
등박스로 하부에 조명이 설치될
자리다.

옥탑

콘크리트 타설의 양생 기간 동안 비계를 설치한다. 5층 외벽 형틀 작업 후, 단열재와 철근, 형틀 작업과 콘크리트 타설을 진행한다. 콘크리트 타설 양생 후 옥탑 먹매김 작업을 하고, 다락층 벽체와 천장 형틀 및 철근 작업을 한다. 다락 천정 철근 작업 후 콘크리트 타설까지 완료되면 철근 콘크리트 공사가 끝난다.

〈옥탑 바닥〉

옥탑 바닥 슬래브에 레미콘 타설 후의 모습이다.

〈박공지붕의 벽체〉

박공지붕의 벽체이다. 보의 좌우에 2개의 장방형 사면을 붙인 것과 같은 모양의 지붕으로 책을 펼쳐서 엎어놓은 모양이다.

내장재 선택

골조를 올리는 동안 건축주는 바닥, 창호, 싱크대, 문, 타일, 벽지 등 원하는 타입의 내장재를 고른다. 바닥 마감재는 강화마루, 강마루, 합판마루, 원목마루 등이 있고, 그중에서 강화마루, 강마루를 많이 하고, 원룸의 경우에는 실용성과 가성비를 고려해서 데코타일을 많이 한다. 창호는 소규모 공장과 LG, KCC 등 대형회사의 제품은 가격 차이가 많이 나기 때문에 견적을 받을 때 어느 정도 수준의 브랜드로 설치할지 미리 정한다.

원룸에서 조금 특별하게 할 수 있는 것이 싱크대, 조명 등인데, 원하는 특별한 디자인이 있다면 가격과 규격을 체크해서 미리 시공사와 협의해야 한다. 원룸은 대체로 작은 공간이니 문, 타일, 몰딩 등은 전체적으로 톤을 맞춰주고 포인트만 한두 개 넣어주는 것이 좋다. 내가 사용하는 것이 아니기 때문에 내 기준보다는 원룸을 사용하는 연령대가 선호하는 기준으로 선택하는 것이 좋다.

원룸의 주 연령층은 지역에 따라 학생 또는 직장인이 될 수도 있겠다. 하지만, 주인세대가 있다면 주인세대는 조금 다른 방식으로 접근해야 한다. 원룸 건물은 보통 은퇴를 앞두거나, 은퇴하신 분들이 아파트를 팔아 주인세대에 거주하면서 월세를 받으려는 목적으로 구입하기 때문에 주인세대에는 각별한 신경을 기울여야 한다. 원룸 건물을 매입할 때 주로 여성분들이 결정권을 갖는 경우가 많기 때문에 신축 건물을 매입하는 연령대의 여성들이 좋아하는 스타일로 주인세대 내장재를 선택하는 것이 좋다. 다중주택을 여러 채 신축하고 매도한 경험이 많은 분께서 일반 사람들이 신축 건물을 매입할 때 가장 중요하게 생각하는 것이 외장재, 주인세대 인테리어, 엘리베이터라고 했다. 신축 건물을 매입하는 분들의 연령대 여성분들이 좋아하는 스타일로 주인세대 내장제를 선택하면 다른 건물에 비해 빨리 매도할 수 있을 것이다.

〈각종 내장재〉

문작업

문틀작업을 하고, 그 주변에 틈 메우기를 한다.

〈문틀과 문 작업〉

방수

방수공사가 필요한 곳에는 방수작업도 진행한다. 옥탑 외벽과 화장실에 방수작업을 한 모습이다. 화장실 방수공사 후 엘리베이터 방수공사도 진행되었다.

〈방수공사〉

창호

창문에 부착하는 철판이 중량이 많이 나가서 미리 목공사 후 철판작업을 한다. 철판을 사용하기도 전에 녹슨 부분이 보여서 문의 드렸는데, 용접부분은 금방 녹이 슨다고 한다.

〈창문의 철판작업〉

창문 철판 프라이머작업 후 도장을 하고, 창문을 설치했다.

〈창문 설치작업〉

〈각종 창문 설치〉

바닥공사

바닥은 단열재를 깔고, 난방의 효율성과 난방설비 보호를 위해 기포콘크리트 타설을 한다. 기포콘크리트는 자갈이 들어가지 않고, 발포제를 넣어 작은 기포를 많이 생성시킴으로써 단열 또는 축열(일정한 온도로 유지되는 것) 기능을 갖게 한다. 효율적인 난방을 위해서는 난방배관의 간격을 잘 조절해야 한다.

〈바닥 미장공사〉

미장

벽 부분은 외벽과 맞닿은 곳은 석고보드로 마감을 하고, 실내 내벽은 미장방수작업 후 도배를 한다.

타공작업

냉난방 전열기 설치를 위한 코어작업과 에어컨 설치를 위한 타공작업도 진행한다.

〈코어작업과 타공작업〉

계단실 도장

계단실은 그라인더로 거친 면을 갈아내는 작업을 하고, 천정에 얇게 미장한 후 도장한다.

〈계단실 도장〉

승강기 조립

승강기 조립을 위해 입고된 승강기 재료들이다. 발판작업을 한 후 조립을 시작한다.

〈승강기 설치〉

타일작업

　건물을 지을 때 타일이 들어가는 곳은 욕실 벽과 바닥, 주방, 현관, 계단 벽 마감을 타일로 할 경우 계단 벽면 등이다. 미리 원하는 타일을 생각해놓거나, 관리가 용이하고, 전체적으로 톤이 잘 어울리는 타일을 선택하면 무난하다. 방산시장에도 타일가게가 많이 있고, 답십리 고미술상가 근처에도 타일가게가 많이 있다.

〈화장실 타일작업〉

〈계단 타일작업〉

내벽 단열 및 석고보드작업

외벽과 맞닿은 부분은 아이소핑크 단열재와 석고보드를 함께 붙이고, 내부 벽은 석고보드만 붙이는 작업을 한다.

〈내벽작업〉

돌림계단 목수작업

옥탑으로 올라가는 계단은 사용하지 않을 때 접어놓을 수 있어서 사다리 타입이 공간을 적게 차지해서 유용할 수 있다. 하지만 실제 사용 시 불편할 수도 있을 것 같아 돌림계단으로 설계했고, 다음은 목수작업을 하는 사진이다.

외벽 파벽작업

골조가 3층쯤 올라가면 외벽 자재를 발주해야 하기 때문에 외장재를 확정지어야 한다. 그러면 골조가 다 올라가고, 바로 외벽작업을 시작할 수가 있다. 외벽은 롱브릭 타일로 하기로 했고, 작업 순서는 먼저 콘크리드 벽에 집착제를 발라 녹색 망을 벽에 붙여준다. 그다음 첨가제와 시멘트 반죽을 해서 발라주고, 건조시킨다. 망은 유리섬유로 되어 있어 시멘트가 갈라지는 것을 방지해주고 면의 평활도를 좋아지게 하며 타일의 무게를 지탱시켜준다.

〈내벽작업〉

시멘트가 건조되면 바닥에 먹매김을 한 것처럼 벽에도 정확한 직선이 될 수 있도록 먹매김을 한다. 그리고 콘크리트 벽, 단열재, 그물망, 얇은 시멘트가 일체화될 수 있도록 벽 고정 철물로 일체화시킨다. 그리고 타일 붙임용 시멘트를 발라 타일을 고정시키고, 줄눈 몰탈(시멘트+모래)을 채운다. 이해를 돕기 위해 현장소장님께서 다음의 그림을 통해 설명해주셨는데, 이렇게 설명해주시니 정말 이해하기가 쉬웠다.

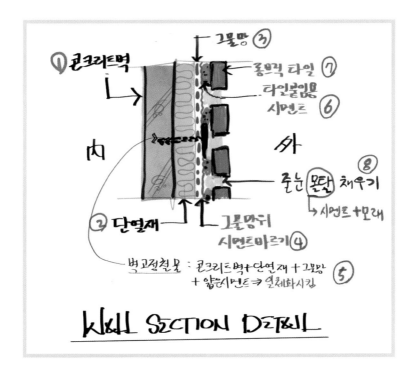

　타일의 패턴은 수평 메지를 살리고 수직 메지를 붙여서 불규칙적으로 진행해서 자연스럽게 보이도록 했다. 외장재도 중요하지만,

메지를 어떻게 넣느냐에 따라서도 건물의 이미지가 많이 달라진다.
메지작업이 끝나면 며칠 마른 후 발수제작업을 한다.

계단 난간작업

〈계단 난간작업〉

비계 해체

건물을 지어본 경험이 있는 분들은 비계를 해체한 날을 가장 감동스러운 날로 꼽는다. 어렵게 땅을 구하고, 골조를 올리며 공사를 한 과정에 결과물을 처음 시각적으로 확인하는 날이기 때문인 것 같다.

〈비계 해체〉

그 외 각종 설치작업

〈가스배관 설치〉

〈현관문 설치〉

〈상수도 인입 및 하수도 연결작업〉

〈바닥 데코타일 작업〉

〈주차장 콘크리트 타설 및 도로경계석 설치〉

〈주차장 콘크리트 타설 및 도로경계석 설치〉

〈내부 마무리 청소〉

완공

세 아이 워킹맘은 어떻게 건물주가 되었을까?

7장

숨어 있는 복병,
세금

개인 명의

2020년 6.17 부동산 대책과 7.10 부동산 대책으로 취득세와 종합부동산세(종부세), 법인에 대한 세금이 강화되었다. 그리고 아파트에 있어서는 사실상 임대사업자 제도의 혜택이 거의 없어져 각 상황에 맞는 전략으로 신축 주택 사업에 접근할 필요가 있다.

다주택자가 아닌 1주택을 신축으로 진행하려는 경우라면 개인 명의로 접근할 수 있겠다. 개인의 경우 종합부동산세 산정 시 기본 공제 6억 원을 받을 수 있고, 부부 공동 명의로 할 경우 개인당 6억 원까지 공제받을 수 있다.

02

신축 판매업

다주택자이고, 단기 매매를 생각 중이라면 신축 판매업을 생각해볼 수 있다. 주택 신축 판매업 사업자가 신축한 주택은 주택분 재산세의 납부 의무가 최초로 성립한 날로부터 5년이 경과되지 않은 미분양 주택의 경우 종부세 합산 배제와 주택 수 산입 제외의 혜택을 받는다. 그러나 자기 또는 임대 계약 등 권원을 불문하고 임대 또는 거주한 기간이 1년 이상인 경우 미분양 주택으로 보지 않아 종부세 합산 배제와 주택 수 산입 제외의 혜택을 더 이상 받을 수 없다.

〈종합부동산세법 시행규칙〉

제4조(합산배제 미분양 주택의 범위) ☞ 영 제4조제1항제3호 각 목 외의 부분에서 "기획재정부령이 정하는 미분양 주택"이란 주택을 신축하여 판매하는 자가 소유한 다음 각 호의 어느 하나에 해당하는 미분양 주택을 말한다.〈개정 2008.4.29, 2009.5.12〉

1. 「주택법」 제16조에 따른 사업계획승인을 얻은 자가 건축하여 소유하는 미분양 주택으로서 2005년 1월 1일 이후에 주택분 재산세의 납세의무가 최초로 성립하는 날부터 5년이 경과하지 아니한 주택
2. 「건축법」 제11조에 따른 허가를 받은 자가 건축하여 소유하는 미분양 주택으로서 2005년 1월 1일 이후에 주택분 재산세의 납세의무가 최초로 성립하는 날부터 5년이 경과하지 아니한 주택. 다만, 자기 또는 임대계약 등 권원(權原)을 불문하고 타인이 거주한 기간이 1년 이상인 주택은 제외한다.

건설임대등록

다주택자이고, 장기 보유를 원한다면 건설임대등록을 하는 방법을 생각해볼 수 있다. 건설임대등록은 대지면적이 298㎡ 이하이고, 주택의 연면적이 149㎡ 이하이며, 주택의 임대 개시일 또는 최초로 제9항에 따른 합산배제신고를 한 연도의 과세기준일의 공시가격이 6억 원 이하이고, 임대료 등의 증가율이 100분의 5를 초과하지 않는 주택이어야 한다. 건설임대등록 시 종합부동산세 산정 시 합산배제가 가능하고, 2018년 9월 13일 이후 건설한 임대주택 또한 요건 충족 후 양도세 중과세 제외가 가능하다.

〈종부세법 시행령 제3조〉

제3조(합산배제 임대주택) ①법 제8조제2항제1호에서 "대통령령이 정하는 주택"이란 「공공주택특별법」 제4조에 따른 공공주택사업자 또는 「민간임대주택에 관한 특별법」 제2조제7호에 따른 임대사업자(이하 "임대사업자"라 한다)로서 과세기준일 현재 「소득세법」 제168조 또는 「법인세법」 제111조에 따른 주택임대 사업자등록(이하 이 조에서 "사업자등록"이라 한다)을 한 자가 과세기준일 현재 임대(제1호부터 제3호까지, 제5호부터 제8호까지의 주택을 임대한 경우를 말한다)하거나 소유(제4호의 주택을 소유한 경우를 말한다)하고 있는 다음 각 호의 어느 하나에 해당하는 주택(이하 "합산배제 임대주택"이라 한다)을 말한다. 이 경우 과세기준일 현재 임대를 개시한 자가 법 제8조제3항에 따른 합산배제 신고기간 종료일까지 임대사업자로서 사업자등록을 하는 경우에는 해당 연도 과세기 준일 현재 임대사업자로서 사업자등록을 한 것으로 본다. 〈개정 2005. 12. 31., 2007. 8. 6., 2008. 2. 22, 2008. 7. 24., 2008. 10. 29., 2009. 2. 4., 2009. 12. 31., 2010. 2. 18., 2010. 9. 20., 2011. 3. 31., 2011. 10. 14., 2012. 2. 2., 2013. 2. 22., 2014. 7. 16., 2015. 12. 28., 2016. 8. 11., 2018. 2. 13., 2018. 7. 16., 2018. 10. 23., 2019. 2. 12., 2020. 2. 11.〉

1. 「민간임대주택에 관한 특별법」 제2조제2호에 따른 민간건설임대주택과 「공공주택 특별법」 제2조제1호의2에 따른 공공건설임대주택(이하 이 조에서 "건 설임대주택"이라 한다)으로서 다음 각 목의 요건을 모두 갖춘 주택이 2호 이상인 경우 그 주택. 다만, 「민간임대주택에 관한 특별법」 제2조제2호에 따른 민 간건설임대주택의 경우에는 2018년 3월 31일 이전에 같은 법 제5조에 따른 임대사업자 등록과 사업자등록을 한 주택으로 한정한다.
   가. 전용면적이 149제곱미터 이하로서 2호 이상의 주택의 임대를 개시한 날(2호 이상의 주택의 임대를 개시한 이후 임대를 개시하는 주택의 경우에는 그 주택 의 임대개시일을 말한다) 또는 최초로 제9항에 따른 합산배제신고를 한 연도의 과세기준일의 공시가격이 6억원 이하일 것
   나. 5년 이상 계속하여 임대하는 것일 것
   다. 임대보증금 또는 임대료(이하 이 조에서 "임대료"라 한다)의 증가율이 100분의 5를 초과하지 않을 것. 이 경우 임대료등 증액 청구는 임대차계약의 체 결 또는 약정한 임대료등의 증액이 있은 후 1년 이내에는 하지 못하고, 임대사업자가 임대료등의 증액을 청구하면서 임대보증금과 월임대료를 상호 간에 전환하는 경우에는 「민간임대주택에 관한 특별법」 제44조제4항 및 「공공주택 특별법 시행령」 제44조제3항에 따라 정한 기준을 준용한다.
2. 「민간임대주택에 관한 특별법」 제2조제3호에 따른 민간매입임대주택과 「공공주택 특별법」 제2조제1호의3에 따른 공공매입임대주택(이하 이 조에서 "매 입임대주택"이라 한다)으로서 다음 각 목의 요건을 모두 갖춘 주택. 다만, 「민간임대주택에 관한 특별법」 제2조제3호에 따른 민간매입임대주택의 경우에는 2018년 3월 31일 이전에 같은 법 제5조에 따른 임대사업자 등록과 사업자등록을 한 주택으로 한정한다.
   가. 해당 주택의 임대개시일 또는 최초로 제9항에 따른 합산배제신고를 한 연도의 과세기준일의 공시가격이 6억원[「수도권정비계획법」 제2조제1호에 따른 수도권(이하 "수도권"이라 한다) 밖의 지역인 경우에는 3억원] 이하일 것
   나. 5년 이상 계속하여 임대하는 것일 것
   다. 임대료의 증가율이 100분의 5를 초과하지 않을 것. 이 경우 임대료등 증액 청구는 임대차계약의 체결 또는 약정한 임대료등의 증액이 있은 후 1년 이내 에는 하지 못하고, 임대사업자가 임대료등의 증액을 청구하면서 임대보증금과 월임대료를 상호 간에 전환하는 경우에는 「민간임대주택에 관한 특별법」 제44조제4항 및 「공공주택 특별법 시행령」 제44조제3항에 따라 정한 기준을 준용한다.

〈건설임대사업자의 공동주택 건설 시 취득세 감면 혜택〉

다세대주택 건설 시 공동주택 건설로 건설임대사업자로 등록할 경우 취득세 감면 혜택을 받을 수 있다.

※ 취득세 감면 특례의 제한

▶ 「지방세특례제한법」에 따라 취득세가 면제(지방세 특례 중에서 세액감면율이 100분의 100인 경우와 세율경 감률이 「지방세법」에 따른 해당 과세대상에 대한 세율 전부를 감면하는 것을 말함)되는 경우에는 「지방세특 례제한법」에 따른 취득세의 면제규정에도 불구하고 100분의 85에 해당하는 감면율(「지방세법」 제13조제1항 부터 제4항까지의 세율을 적용하지 않은 감면율을 말함)을 적용합니다. 다만, 「지방세법」에 따라 산출한 취득 세의 세액이 200만원 이하인 경우에는 그렇지 않습니다(「지방세특례제한법」 제177조의2제1항제1호 가목).

- 공동주택 미착공 시 취득세 감면제외

▶ 토지를 취득한 날부터 정당한 사유 없이 2년 이내에 공동주택을 착공하지 않은 경우에는 취득세가 감면되지 않습 니다(「지방세특례제한법」 제31조제1항 단서).

▶ 임대주택에 대한 취득세의 감면(예외)

- 감면대상

  ▸ 다음에 해당하는 임대사업자(임대용 부동산 취득일부터 60일 이내에 해당 임대용 부동산을 임대목적물로 하여 임대사업자로 등록한 경우를 포함)는 취득세를 감면받을 수 있습니다(「지방세특례제한법」제31조제1항 본문).

    √ 임대할 목적으로 공동주택(해당 공동주택의 부대시설 및 임대수익금 전액을 임대주택관리비로 충당하는 임대용 복리시설을 포함)을 건축하는 경우 그 공동주택

    √ 임대사업자가 임대할 목적으로 건축주로부터 공동주택 또는 준주택 중 오피스텔(그 부속토지를 포함)을 최초로 분양받은 경우 그 공동주택 또는 오피스텔

    ※ "최초로 분양받은 경우"란 건축행위를 통한 건축물의 분양을 그 전제로 하는 것이므로, 임대사업자가 취득세 감면의 혜택을 누리기 위해서는 건축물을 건축한 자로부터 분양계약에 따라 임대주택을 최초로 매입하여 취득하여야 한다는 대법원 판결이 있습니다(대법원 2017. 6. 15. 선고 2017두32401 참조).

- 감면세율

  ▸ 위의 공동주택 또는 오피스텔에 대해서는 다음에 따라 지방세를 2021년 12월 31일까지 감면합니다(「지방세특례제한법」제31조제1항 본문, 제1호 및 제2호).

    √ 전용면적 60㎡ 이하인 공동주택 또는 오피스텔을 취득하는 경우: **취득세 면제**

    √ 8년 이상의 장기임대 목적으로 전용면적 60㎡ 초과 85㎡ 이하인 임대주택(이하 "장기임대주택"이라 함)을 20호(戶) 이상 취득하거나, 20호 이상의 장기임대주택을 보유한 임대사업자가 추가로 장기임대주택을 취득하는 경우(추가로 취득한 결과로 20호 이상을 보유하게 되었을 때에는 그 20호부터 초과분까지를 포함): **취득세의 50%를 경감**

04

법인이냐, 개인이냐

이제는 법인 투자의 이점은 거의 사라져서 개인 명의로 투자가 가능하다면 개인 투자로 하는 것이 더 유리해 보인다. 취득세나 종부세 등에서 법인이 훨씬 많은 세금을 부담해야 하기 때문이다.

주택시장 안정을 위한 관리 방안(2020년 6월 17일)

① 법인 보유 주택에 대한 종부세율 인상

□ (현행) 개인·법인에 대한 구분 없이 납세자별로 보유 주택의 공시 가격을 합산해서 종부세 부과

□ (개선) 법인 보유 주택에 대해 개인에 대한 세율* 중 최고세율을 단일세율(3%, 4%)로 적용

---

* 〈주택시장 안정화 방안(2019년 12월 16일)〉을 통해 종부세 세율 인상을 발표

①2주택 이하(조정대상지역 내 1주택 이하 포함) : 0.6%~3.0%

②3주택 이상(조정대상지역 내 2주택 포함) : 0.8%~4.0%

※ 법인의 사원용 주택, 기숙사 등에 대한 비과세 특례는 현행 유지

▫ (적용 시기) '21년 종합부동산세 부과분부터 적용

② 법인 보유 주택에 대한 종부세 공제(6억 원) 폐지

▫ (현행) 납세자(개인·법인)별로 종부세 공제(6억 원, 1세대 1주택 9억 원)

다주택자가 법인을 활용하는 경우 종부세 공제액 확대 가능

예) 개인이 3주택 단독 보유 → 공제 6억 원

법인 설립해서 3주택 분산 보유 → 공제 21억 원(개인 1주택 9억 원 + 법인별 6억 원)

▫ (개선) 법인이 보유한 주택에 대해서는 종부세 공제를 폐지

▫ (적용 시기) 2021년 종합부동산세 부과분부터 적용

③ 법인의 조정대상지역 내 신규 임대주택에 대해 종부세 과세

▫ (현행) 법인이 보유한 8년 장기 임대등록 주택(수도권 6억 원, 비수도권 3억 원 이하)은 종부세 비과세

※ 1세대가 1주택 이상을 보유한 개인의 경우 2018년 9월 14일 이후 조정대상지역 내에 신규로 취득한 주택은 임대 등록하더라도 종부세 과세

▫ (개선) 법인이 2020년 6월 18일 이후 조정대상지역에 8년 장기 임대등록하는 주택은 종부세 과세

④ 법인이 보유한 주택 양도 시 추가세율 인상 등

□ (현행) 법인의 주택 양도차익에 대해서는 기본 법인세율(10~25%)에 10%를 추가 적용(사택 등은 제외)

※ 단, 8년 장기 임대등록 주택(수도권 6억 원, 비수도권 3억 원 이하)을 양도 시 추가과세 제외

□ (개선) 법인이 주택 양도 시 추가세율을 20%로 인상하고, 법인이 2020년 6월 18일 이후 8년 장기 임대등록하는 주택도 추가세율 적용

□ (적용 시기) 추가세율 적용은 2021년 1월 1일 이후 양도하는 분부터 적용

다주택자 대상 종부세 중과세율 인상

(법인) 다주택 보유 법인에 대해 중과 최고세율인 6% 적용

- 2020년 6월 17일 〈주택시장 안정을 위한 관리 방안〉을 통해 주택 보유 법인의 경우 개인 최고세율을 단일세율로 적용함을 발표

※ 법인의 주택분 종합부동산세액에 대해서는 기본공제 6억 원과 세부담 상한을 적용하지 않음.

취득세

❶ (다주택자 부담 인상) 다주택자, 법인 등에 대한 취득세율 인상

- 2주택 : 8% / 3주택 이상, 법인 : 12%

〈취득세율 인상(안)〉

현재			개정		
개인	1주택	주택가액에 따라 1~3%	개인	1주택	주택가액에 따라 1~3%
	2주택			2주택	8%
	3주택			3주택	12%
	4주택 이상	4%		4주택 이상	
법인		주택가액에 따라 1~3%	법인		

❷ (법인 전환 시 취득세 감면 제한) 개인에서 법인으로 전환을 통한 세부담 회피를 방지하기 위해 부동산 매매·임대업 법인은 현물출자에 따른 취득세 감면 혜택(75%) 배제

〈주택 수 합산 및 중과 제외 주택〉

연번	구분	제외 이유
1	가정어린이집	육아시설 공급 장려
2	노인복지주택	복지시설 운영에 필요
3	재개발사업 부지확보를 위해 멸실목적으로 취득하는 주택	주택 공급사업에 필요
4	주택시공자가 공사대금으로 받은 미분양주택	주택 공급사업 과정에서 발생
5	저당권 실행으로 취득한 주택	정상적 금융업 활동으로 취득
6	국가등록문화재주택	개발이 제한되어 투기대상으로 보기 어려움.
7	농어촌주택	투기대상으로 보기 어려움.
8	공시가격 1억 원 이하 주택 (재개발 구역 등 제외)	투기대상으로 보기 어려움. 주택시장 침체지역 등 배려 필요
9	공공주택사업자(지방공사, LH 등)의 공공임대주택	공공임대주택 공급 지원
10	주택도시기금 리츠가 환매 조건부로 취득하는 주택 (Sale & Lease Back)	정상적 금융업 활동으로 취득
11	사원용 주택	기업활동에 필요
12	주택건설사업자가 신축한 미분양된 주택	주택 공급사업 과정에서 발생 ※ 신축은 2.8% 적용(중과대상 아님)
13	상속주택(상속개시일로부터 5년 이내)	투기목적과 무관하게 보유 ※ 상속은 2.8% 적용(중과대상 아님)

8장
건축,
함께라서
가능한 일

01

스터디,
함께 성장하기

수익형 부동산에 관심을 갖게 되면서 다가구주택에 관심을 갖게 되고, 3시간 정도 하는 건축수업을 신청했고, 그 수업을 들었던 사람들과 스터디를 하게 되었다. 첫 건축스터디가 있던 날, 예정된 가족여행도 뒤로하고 수업이 끝난 뒤 고속버스를 타고 따로 출발할 정도로 나도 건물을 지을 수 있다는 설렘에 열정을 갖고 임했던 것 같다. 스터디는 강의 형태가 아니라 주마다 주어진 과제에 대해 본인의 과제 내용을 발표하는 것이었다. 짓고 싶은 지역의 임대가를 조사하고, 신축 부지를 찾아 토지이용계획원을 출력해 일조 사선을 그어보고 건물을 몇 층으로 몇 개까지 올릴 수 있는지, 주차는 몇 대가 가능하며 어떤 형태의 주택으로 할 건지 등을 판단해보는 수업이었다.

과제를 준비하면서 나에게 부족한 부분들을 다시 생각해볼 수 있었다. 첫 스터디는 주제는 본인이 원하는 지역의 임대가를 조사하는 것이었는데, 그냥 인터넷으로 조사한 내 과제와 발품을 팔며 실제 여러 중개업소를 다녀오고 준비한 다른 사람의 과제는 질적으로 너무 달랐다. 중개업소에서 임차인에게는 임대가를 높게 말하고, 임대인에게는 낮게 말하는 경향이 있기 때문에 실제 중개업소를 방문해서 임차인도 되어보고, 임대인도 되어봐야 정확한 시세를 알 수 있기 때문이다. 임대가는 신축의 사업성 여부를 판단하는 근거 자료가 되기 때문에 매우 중요하다.

신축 부지 검토 시에도 어떤 형태로 구성할지가 정확히 이해되지 않아서 혼자 진땀이 났던 기억도 있다. 모르는 것에 대해 공부하려고 모인 모임이기 때문에 부담을 갖는 대신 물어보며 이해하려고 노력했으면 좋았을 텐데, 하는 아쉬움이 뒤늦게 남았다. 그리고 내 스스로 움직이지 않으면 아무것도 얻을 수 없다는 것을 알게 되었고, 작은 결과라도 내가 움직이고 실행해서 얻은 결과들이 얼마나 소중한지 깨달았다. 스터디자료를 준비하며 혼자 다각적으로 생각해보고, 글로 표현하며 남에게 내 생각을 이야기하면서 스스로가 성장하고 있었다는 것을 시간이 지나고 되돌아보니 알 수 있었다.

스터디가 일반적인 강의보다 도움이 되었던 것은 강의는 대부분 금액을 지불하고 듣기 때문에 사람들은 그 강의로 무언가를 얻어가려고만 한다. 하지만, 내가 공부했던 스터디는 최소의 운영비만 받기 때문에 서로에게 줄 수 있는 것은 내가 아는 정보밖에 없어서 최대한 공부를 많이 해서 서로에게 도움이 되려고 애썼던 것 같다. 처음에는 아무도 신축을 시작하지 못했기 때문에 제대로 된 명확한 정보가 없었지만, 작은 정보라도 서로 끼워 맞춰보며 나눠보려고 애썼던 것 같다. 그리고 그러는 중에 서로 조금씩 함께 성장하게 되었다.

스터디 멤버들이 어느덧 각자 회사의 대표들이 되었다. 불과 몇 개월 전만 해도 우리는 그냥 회사를 다니는 직장인이었는데 말이다. 생각을 조금 바꾸고 서로의 방향에 대해 지속적으로 고민함으로써 자기 소유의 건물을 짓고 있고, 또 누군가는 지금 신축은 하고 있지 않지만, 온라인에서 적지 않은 매출을 올리는 사업가가 되었다.

이런 성장의 모습을 옆에서 지켜보는 것은 매우 감동적이고, 또 그 성장에 함께할 수 있다는 것은 매우 감사한 일이다.

결국 사람이
하는 일

흔히 집을 짓다 보면 10년 늙는다는 이야기를 많이 한다. 하지만, 일반적인 이야기만을 따라가다 보면 할 수 있는 일은 거의 없고, 투자에 성공하기도 힘들다. 결국 많은 사람들과 함께 행동한다는 것은 비슷한 행동 패턴을 보인다는 것인데, 많은 사람이 사고 싶어한다면 가격은 비쌀 것이고, 그럼 비쌀 때 사고 쌀 때 파는 행동을 할 수밖에 없기 때문이다. 그래서 우리는 그 안의 세부적인 것을 보아야 한다. 무엇이 떨어지고, 무엇이 오르는지 무엇이 저평가되고 있고, 향후 가능성을 갖고 있는지 말이다. 10년 늙는다는 건축 과정이 나에게는 즐겁다. 물론 중간중간에 두려운 마음이 들기도 하지만, 직접 하지 않았으면 알 수 없었을 수많은 일들을 경험을 통해 배워나가는 일은 내가 어디에 소속되어 있지 않아도 발휘할 수 있는 나만의 재산이 되는 것이다.

그동안 일은 회사를 위해서 회사 안에서만 하는 것인 줄 알았다. 회사 밖에서 뭔가 일을 해보려고 했더니, 결국은 다 사람으로서 가능한 일들이었다. 많은 사람들의 도움을 많으며 명도도 정리하고, 건축 허가도 받고, 시공사 선정도 하게 되었다. 책이나 블로그에서도 어느 정도 정보를 받고 도움을 받지만, 결국은 다 사람에 의해서 그 일이 결정되고 진행된다. 나와 연결된 많은 분들 말이다. 어쩌면 그냥 계약 관계에 의해 돈을 주고받는 일이라고 생각할 수 있지만, 그분들에 의해 나는 내가 하고자 하는 일에 다가설 수 있었고, 그분들은 나의 꿈을 이루는 데 도움을 주신 분들이다. 지금은 작은 계약 관계로 맺어진 인연이지만, 내가 하고자 하는 일과 연관된 많은 분들과의 인연이 더 소중해진다.

아직까지 많은 것을 이루진 않았지만, 여기까지 오는 데도 '지금 내 머릿속에 떠오르는 그분들이 없었다면 과연 가능했을까?'라는 생각이 자주 든다. 주어진 인연들을 소중히 생각하니 일도 더 즐거워진다. 나 또한 그렇게 누군가에게 소중한 인연일 수 있기를 바라본다.

재작년 말부터 설레는 마음으로 준비했던 다가구주택의 공사가 2020년 여름 마무리되었습니다. 29평의 작은 땅은 수익성이 없다고 주변에서 조언을 해줬고, 주변 임대 시세를 넣어 확인한 수익률은 3.5% 정도밖에 되지 않았습니다. 주변에 매도로 나온 다가구주택의 수익률도 2.5% 정도밖에 되지 않아 신축을 해서 매도도 가능해 보였지만, 수익형 부동산이라고 하기 무색할 만큼 수익률이 좋지는 않았습니다. 하지만 가지고 있는 금액으로 무리 없이 진행할 수 있는 곳은 많지 않았고, 장기적으로 가져갈 수 있도록 건설임대사업자를 할 예정이여서 이 주택이 여러 조건에서 저에게는 맞는다고 생각해서 진행하게 되었습니다.

2020년 9월, 코로나가 1년 정도 지속되고 있었지만, 임대 시장은 좋아서 원금 회수 후 이자를 제외한 수익이 130만 원 정도 될 것이라고 예상했습니다. 그런데, 2020년 12월 법인임대주택의 경우 대출 금액과 전세금의 합이 감정가를 넘을 수 없게 되어 원금을 회수하지는 못했지만, 1층의 부가 수익과 대출 이자를 제외하고도 15% 이상의 수익률이 나오고 있습니다.

원래는 계획했던 대로 1층 상가를 임대를 놓으려다가 예상했던 월세 수익 30만 원 정도는 무엇을 해도 그 정도의 가치는 이룰 수 있을 것 같아 직접 사용하기로 했습니다. 그래서 평소에 생각했던 인테리어를 적용해 커튼도 달고, 여럿이 앉을 수 있는 큰 테이블과 작은 공간을 환하게 비춰주는 샹들리에를 설치했습니다.

4평의 이 작은 공간에서 어떤 가치를 창출할 것인가에 대한 고민을 하던 중, 나이 들어서 보내고 싶었던 일상의 일이 떠올랐습니다. 바로 '책모임'이었습니다. 저는 나중에 나이가 들면 제가 지은 건물 1층 카페에서 매일 다른 주제로 책모임을 하며 좋은 에너지를 나누고 싶다는 생각을 종종 했습니다. 그래서 저와 같이 건축스터디를 하고 계신 맥밀란님과 함께 신축 분야의 책모임을 하게 되었고, 그 열정은 이제 신축 입문반과 신축 실전반 수업으로 이어지고 있으며 좋은 사람들과 지속적인 투자 모임을 하기 위해 경매반, 지역분석 및 임장반 수업도 함께 하고 있습니다.

혼자가면 빨리 가지만, 함께 가면 멀리 간다는 말이 있습니다. 함께 가면 속도는 느리지만, 함께 하는 이들이 있어 포기하지 않고 관심을 지속할 수 있어서 멀리 간다는 이야기입니다. 그렇게 우리는 4평의 작은 공간에서 거대한 기적을 만들어나가고 있습니다. 1층의 이 작은 공간은 저에게 부가 수익과 자아실현이라는 더 큰 가치를 가져다주었습니다.

저는 이 경험을 통해 깨달았습니다. 그냥 내가 하고 싶은 일을 하면서 살아도 꼭 나쁜 결과만 있는 건 아니라는 것과 그냥 내가 하고 싶은 일을 해도 이렇게 좋은 결과를 얻을 수 있다는 것을 배웠습니다. 앞으로 내가 하고 싶은 일이 무엇인지, 내가 좋아하는 일이 무엇인지 더 많이 생각하고 더 많은 시간을 그 일에 사용하고 싶습니다.

재개빌 투자에서 경매, 다가구주택 신축까시

세 아이 워킹맘은 어떻게 건물주가 되었을까?

제1판 1쇄 | 2021년 3월 11일

지은이 | 열정잇기
펴낸이 | 손희식
펴낸곳 | 한국경제신문*i*
기획제작 | (주)두드림미디어
책임편집 | 우민정   디자인 | 얼앤똘비악earl_tolbiac@naver.com

주소 | 서울특별시 중구 청파로 463
기획출판팀 | 02-333-3577
E-mail | dodreamedia@naver.com
등록 | 제 2-315(1967. 5. 15)

ISBN 978-89-475-4700-0(03320)

한국경제신문 *i* 부동산 도서 목록

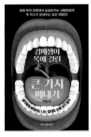

한국경제신문*i* 부동산 도서 목록

한국경제신문*i* 부동산 도서 목록

한국경제신문*i* 부동산 도서 목록

㈜두드림미디어 카페,(https://cafe.naver.com/dodreamedia)